그 부자의 집에 가보면 농기구며 안살림 이런 것들이
가지런히 정리되어 있었다. 마을 사람들은 노름을 하다 빚을 지면
헐값에 그에게 논밭을 팔았고 그래서 그의 전답은 늘어만 갔다.
반면 노름꾼들의 집에 가보면 그들은 대낮인데도 대개 잠을
자고 있었고 방은 들어가기도 겁날 만큼 지저분했다.
어릴 적 우리 마을 부자는 왜 그렇게 열심히 일을 했을까?
노름꾼들은 그 부자가 돈만 안다고 비난했지만 사실은
자신들이 돈을 더 좇고 있다는 생각을 한 번이라도 했을까?

빈익빈 부익부

몇 년 전 S대 유명 교수님이 잡지사에 글을 보내오셨다. 외국의
여러 대학을 방문하면서 어떤 석학을 만나 무슨 이야기를 나눴고,
또 누구를 만났고… 아무리 읽어봐도 건질만 한 내용이 없었다.
며칠 후 그분에게서 메일이 왔다. "내 글에서 토씨 하나도 고치면
안 됩니다." 나는 오히려 수월하게 결정을 내릴 수 있었다.
그 글을 싣지 않을 것이니 한 자도 고칠 필요 없다고….

박완서 씨에게 글을 청탁했다. 발행 부수 몇천 권에 불과한 때였다.
그런데 그 대가는 글을 보내오셨고 원고 끝에 짧은 편지가 있었다.
"제가 보낸 글 마음대로 고쳐도 돼요. 내용이 마음에 들지 않으면
싣지 않아도 괜찮습니다." 아, 이래서 대가구나…. 자신이 최선을
다하고서도 누군가에게 더 나은 글로 다가가기를 기도하는 마음,
상대방의 마음에 평안이 있기를 바라는 마음… 나는 그런 마음들이
바로 '글'이라는 것을 조금씩 알게 되었다.

마음대로 고쳐도 돼요

# 만화책과 빈 주전자

윤 학

나를 찾아가는 지혜여행
　　길을 찾는 이에게, 지혜로워지려는 이에게

ⓒ2009 흰물결

**만화책과 빈 주전자**

지은이　윤 학
펴낸곳　도서출판 흰물결
펴낸이　박수아
표지그림　김선두

초판 1쇄 발행일　2009년 4월 19일
개정판 2쇄 발행일　2023년 3월 19일

주　　소　06595 서울 서초구 반포대로 150 흰물결아트센터 4층
등　　록　1994. 4. 14 제3-544호
대표전화　02-535-7004　팩스　02-596-5675
이메일　　mail@cadigest.co.kr
홈페이지　www.catholicdigest.co.kr

값 15,000원
ISBN 978-89-92961-22-6

이 책은 저작권법에 의하여 보호를 받는 저작물이므로
무단전재와 무단복제를 금합니다.

# 만화책과 빈 주전자

흰물결

# 만화책과 빈주전자

추천의 글 임권택 8
　　　　　박완서 12
머 리 글 윤 학 14

## 지혜, 자유로 가는 길
　너는 못생겼다 잉~ 20
　언변이 없냐? 인물이 못났냐? 27
　노처녀 셋 노총각 셋 32
　모래성 쌓는 천재들 37
　좋수꽝? 원더풀! 44
　마음대로 고쳐도 돼요 51

## 사랑, 지혜의 샘

　아버지의 감나무 책상  60

　도망간 아내  65

　그의 식당  72

　산소를 만드는 여인  77

　빈익빈 부익부  82


## 교육, 지혜의 빛

　만화책과 빈 주전자  94

　물지게 지고 오던 밤  99

　이틀 치 주먹밥  106

　삼일로에서 월부책 팔다  111

　너한테 용돈 주나 봐라  116

　둘째 딸의 불평  122

　오늘은 무얼 시킬까?  128

# 만화책과
# 빈주전자

### 정의, 지혜의 열매
   아버지의 저울 136
   독일어 사전을 훔치다 141
   엄마, 선생님 돈 줬어? 148
   시골 누나, 강남 마님들 154

### 꿈, 지혜의 날개
   풍금 옆 음치 소년 160
   천막극장과 강강술래 165
   쪽문을 열면 시원한 바닷바람이 170
   그 마을에도 '책'은 있었다 175
   뉴욕의 따끈한 수프 180
   요즘 잠이 안 와요 185

에필로그 윤 학 192

추천의 글

## 그가 찾아주는 신발을 신고

**임권택** 영화감독

　나이 들어가면서 픽션에 대한 회의와 그것이 배제된 영화를 만들 수 없을까 하는 소망을 화두처럼 지니고 살아왔다. 하지만 갓 잡아 올린 생선처럼 파닥이는 삶의 내음을 쉽게 발견하지 못하고 쉽게 영상으로 옮기지 못하는 내 역량의 한계에 절망한 적이 한두 번이던가?
　이제는 영화사에 남을 좋은 영화를 만들자 하는 목표보다는 사회에 폐가 되지 않는, 뭔가 사회에 기여해가면서 살아가는 아이의 아비로 남는 게 더 소중한 일이 아닌가 하는 생각에 잠겨 들 즈음 손에 쏘옥 들어오는 책을 받았다.

　단숨에 읽어 내려갔다. 얄팍한 책의 두께에 비해 너무나도 배가 불러왔다. 마치 입맛에 맞는 밥상을 물리고 난 후의 포만감

이랄까? 누구나 쉽게 만날 수 있는 흔하디흔한 삶의 이야기들이 어머니 밥상마냥 깊은 맛으로 다가왔다.

　때로는 아연 긴장케 하고 때로는 살포시 웃음을 머금게 하면서 부지불식간에 삶의 진수 속으로 빨려들게 하는 이 힘은 어디서 오는 걸까?

　누구나 경험하고 누구나 흘려보내는 그 일상의 사건, 흔해서 그냥 지나치기 쉬운 감동을 저자는 놓치지 않고 돌려세운다. 그 흘려버린 순간으로, 그 지나쳐버린 장소로 다시 돌아와 턱을 괴고 앉아있게 만든다. 어느 것 하나도 쉽게 버리지 않고, 어느 것 하나도 사랑하지 않는 것이 없는 저자의 삶에 대한 깊은 천착이 부럽고 존경스럽다.

　대립과 갈등의 흑백논리가 살벌하게 세상을 지배하는, 진저

리 치며 살 수밖에 없었던 긴 세월. 어디에 서야 할지 어디로 가야 할지 서성대는 우리에게 행복에로의 길을 열어주는 책이다.

여기 같기도 하고 저기 같기도 하고, 이쪽도 저쪽도 디딜만한 자리가 아닌 것 같아 늘 완충지대에만 머물러 있던 방황의 공간에서 '아 이렇게 사랑하는 마음으로 살아가는 방법이 있구나!' 하고 무릎을 치게 한다. 그 속에 진주처럼 박혀있는 삶의 지혜와 진리의 이야기 하나하나가 가슴을 덥혀 주는 주머니 속 손난로 같은 따뜻한 책이다.

일흔 몇을 넘어선 나도 도저히 들어갈 수 없는 깊이의 세계를, 어디로 들어갈지 몰라 서성대는 진리의 세상을 두려움 없이 뛰어 들어간 그의 용기에 감탄할 뿐이다.

진리의 길, 사랑의 길을 찾아내는 깊은 사유와 성찰에 행복해지고 스스로 발견한 귀한 진리를 기쁘게 나눠주고자 하는 저자의 사랑에 고마울 뿐이다.

　그가 잃어버린 신발을 찾아가는 이야기들이 너무도 가슴에 와닿는다. 나는 무엇을 잃어버렸는지조차도 모른다. 아니 지금도 계속 잃어버리고 있다.
　그래서 무엇을 어디서 잃어버렸는지를 정확하게 알고 찾아가고, 그 길을 흔들리지 않고 비틀거리지 않고 계속하는 뚝심을 가진 그가 부럽다. 그리고 그의 길에 동행하며 그가 찾아주는 신발을 신고 평화로운 길 진리의 길을 가고 싶다.

## 경쟁과 욕망을 걸러주는 청량제

**박완서** 소설가

얼마 전 화이트홀에서 하는 송년음악회에 갔었다.
서초동까지 가는데 연말이라 어찌나 길이 막히는지 시간을 넉넉히 잡고 나갔건만 겨우 시작할 때 들어갈 수 있었다. 가면서 시간에 대한 조마조마함 때문에 음악회에 대한 기대와 설렘도 잊고 말았는데 작은 콘서트홀에서 조촐하지만 정성스럽게 기획된 음악을 들으면서 조급했던 마음이 누그러지며 평화가 옴을 느꼈다. 무엇보다 성탄을 앞둔 기쁨이 솟아나게 했다.

소박하지만 꿈이 있는 음악회였다. 윤 학이라는 변호사가 꿈꾸던 공간이었다.
뭔가를 과시하려는 음악회가 아니라 자신이 좋아하는 걸 스스럼없이 나누려는 소박한 분위기가 어쩌면 촌스러울 수도 있으련만 윤 변호사의 바보처럼 무방비로 웃는 웃음과 어눌한 듯한 말투와 어울려 가장 유니크한 음악회가 되었다.

그는 아직도 시골에서 어린 시절을 보낸 사람의 어질고 선한 눈빛을 가지고 있다. 그 눈빛은 그 누구도 흉내 낼 수 없는 것이어서 소중하다.
  〈가톨릭다이제스트〉를 키운 발행인으로 가톨릭 잡지를 만들고 글을 쓰는 윤 변호사의 태도는 섬에서 자란 아이가 뭍으로, 점차 큰 도시로 오며 출세하는 성공담으로만 보이지 않고 어릴 적 꿈을 다시 되새기면서 순수를 다짐하는 것으로 보인다.

  겉으로 보면 이 시대의 성공한 변호사로서 서초동의 빌딩과 개인 콘서트홀까지 많은 것을 가진 사람이지만 그 공간이 소유의 개념이 아니고 나누고 꿈을 꾸는 공간이 되기를 빌 뿐이다.
  그렇게 되는 것이 그의 꿈일 것이므로. 그에게는 섬마을에서 여덟 남매가 포개어 자던 바닷가 집의 파도 소리가 늘 들릴 것이므로… 그 파도 소리는 점점 **빡빡**해져 가는 도시의 경쟁과 욕망을 걸러주는 청량제가 될 것이므로.

자유로 가는 여행, 지혜로 가는 여행

## 온 세상에 외치고 싶은 이 한마디

사람들은 말했습니다.
"지혜로운 사람이 돼라!"고…

나는 날마다 책을 읽고 신문을 봤습니다.
고시 공부도 하고 유학도 가고 박사도 되었습니다.
그러나 지혜는 생기지 않았습니다.

책을 보고 강의를 들으면
지식은 보이고 들렸지만
지혜는 도무지 보이지도 들리지도 않았습니다.
지혜는 세상에 없는가.
나는 세상에 없는 것을 찾아 헤맨 것인가.

세월은 흘러만 갔습니다.
내 머리에는 지식이 쌓이고
주머니에는 돈도 모였지만

내 얼굴에는 주름이 잡히고
하얀 머리도 생겨났습니다.

아이들은 부쩍부쩍 자라고,
내가 살아갈 날은 줄어들고 있습니다.
세상에 남겨놓을 것을 생각해봤습니다.
그것은 날마다 쏟아지는 지식도,
찍으면 생겨나는 돈도 아니었습니다.

한 송이 꽃과도 말을 건네는 마음,
한 사람의 가슴이라도 느낄 수 있는 교감,
하늘의 소리에 조용히 귀 기울일 수 있는 침묵,
바로 이런 것들이
내가 남겨놓아야 할 것이었습니다.

비로소 내 곁의 일상을 둘러볼 수 있게 되었고,

먼 세상의 고요함도 느껴볼 수 있게 되었습니다.
나는 사랑을 겨우 시작한 것입니다. 그것은 사람들의 마음에
뭔가를 주고 싶은 열망으로 돌아왔습니다.

어린 시절 흰 눈을 털며 달려가던 그 신작로,
어린 시절 첫눈을 맞으며 지르던 그 소리.
수십 년, 수백 년이 지나도 내가 만나고 싶은 것은
그런 내 안의 순수일 것입니다.

나는 글을 쓰기 시작했고 음악을 들려주었으며
무엇보다 사람들의 마음을, 그 안의 순수를
보여주려 했습니다. 잠자리에 들어서도
나는 그걸 보여주고, 들려주고 싶어 몸살을 앓았습니다.

내 글이 책이 되고
책을 읽은 사람들이 글이 되어 마음을 보내오고…

내가 들려주려던 음악이 공연이 되고
공연을 본 사람들이 음악이 되어 마음을 보내오고…

나는 이렇게 내가 하고 싶은 일,
내가 해야 할 일,
내가 이 세상에 남겨야 할 것을 알아낸 것입니다.

결국 지혜는 '사랑'에서 시작되었습니다.
지혜는 사랑이었으며, 사랑은 지혜였습니다.
나는 이 한마디를 온 세상에 외치고 싶습니다.
내 남은 삶이 이 한마디를 외치는 여정이 되기를
바랄 뿐입니다.

2009년 4월 12일
서초동 흰물결 사무실에서

윤 학

# 너는 못생겼다 잉~

*지혜, 자유로 가는 길*

## 너는 못생겼다 잉~

"너만 할 때 정남이는 정말 잘생겼는디… 너는 정남이보다 못생겼다 잉~"

대학 시절 동네 우물가에서 물을 긷던 아주머니가 나를 빤히 쳐다보며 실망한 듯 외쳤다. 한여름 쨍쨍한 햇볕이 정오를 알리고 있었지만 나는 사방이 어두컴컴해 보였다. 아니! 내가 그렇게 못생겼단 말인가.

어릴 적 이발을 하고 오면 어머니는 늘 이렇게 말했다. "너는 머리를 짧게 자르면 정말 멋있어!" 어머니 친구들도 내가 하얀 이를 드러내고 웃을 때면 "야! 너 정말 매력 있다. 크면 처녀들이 줄줄 따르겠다."

 이런 말을 들을 때면 평소 외모에 자신 없던 나도 멋있게 보아주는 사람도 있을 수 있겠다 싶어 자신감이 생기기도 했다. 그런데 그 우물가의 아주머니 표정에는 어떤 가식이나 과장도 담겨 있지 않았기에 더욱 충격이 컸다.

 그간 나는 아버지가 나보다 멋있다는 생각을 해본 적이 없었다. 아버지보다 꿈도 크고 공부도 훨씬 많이 했기에, 어느 모로 보나 아버지보다 앞서 있다고 생각했다.
 나와 아버지가 의견이 다를 때면 어머니까지도 슬며시 내 편을 들곤 했는데 그럴 때면 아버지는 잠시 묘한 표정을 짓다가 이내 웃어넘기곤 했다. 그것은 아버지도 나의 우월함을 인정한다는 뜻으로 느껴졌다.
 그런 내가 그 시골 아주머니 눈에도 그렇게 못나 보인다니…. 머리가 나쁘면 노력하면 되고 돈이 없으면 안 쓰고 벌면 되지만, 타고난 외모는 어쩔 수 없는 노릇 아닌가.

 서울에 와서 하이힐을 신고 멋진 가방을 멘 고운 여성들을 볼 때면 저들은 어디서 저런 매력을 갖고 태어났는지 신기하기만 했다. 어쩌다 그들과 마주칠 때면 나는 한껏 미소를 머금는데 그네들은 뭔가 못 볼 것을 본 것처럼 굳은 표정이 되었다. 영화에서 보면 그럴 때 상대방도 다정한 미소를 보내건만….

어느 날 선배의 소개로 훤칠한 키에 예쁜 눈의 멋쟁이 아가씨를 만나게 되었다. 나는 쾌재를 불렀다. 그런데 얘기를 나누면 나눌수록 그녀의 아름다움이 그저 멈춰있는 정물화처럼 느껴졌다. 그래도 나는 그녀의 뛰어난 미모가 아까워 열심히 만났는데, 만나면 만날수록 허전함만 가슴에 남았다.

내면에서 만들어지지 않은 아름다움이란 그저 익지 않은 과일처럼 떫기만 했다. 내가 그토록 부러워했던 외모의 출중함이 얼마나 하잘것없는 것인지 그때 비로소 실감하게 되었다.

그 후에도 이런저런 아름다운 여인들을 만나면서 서서히 내 마음속 장애도 치유되었다.

결혼을 하고 아들을 낳게 되었다. 그런데 이번에는 만나는 사람들마다 나보다 아들이 훨씬 잘 생겼다고 했다. 아들은 커갈수록 자신의 외모에 자신감을 갖는 것 같았다.

아들은 어느 날 학원에서 정말 예쁜 여자아이를 보게 되었다. 며칠간 가슴을 졸이다가 친구에게 슬쩍 물었더니 이미 쟁쟁한 녀석들이 점을 찍어놓은 아이라는 거였다.

복도에서 우연히 그 애와 마주치게 되어 미소를 띠었더니 그 애가 반갑게 말을 걸어 너무나 쉽게 친구가 되었다. 문자와 메일을 주고받고 따로 만나기도 하더니 급기야는 그 집에 초대받아 그 어머니로부터 멋진 남자라는 칭찬까지 받았다.

나도 사춘기 시절 모두가 선망하는 한 여학생을 몹시 좋아했다. 그러나 나는 어른이 될 때까지 그녀에게 말 한마디 붙여보지 못했다. 그런 나로서는 아들이 부럽기도 했지만 한편으론 아쉬움도 생겼다. 녀석이 좀 볼품이 없었다면 그 여자아이한테 관심을 못 받았을 테고 그랬다면 아들도 나처럼 가슴속에 순진무구한 짝사랑도 품어볼 수 있었으련만….

그런데 아들은 이제 그 아이를 사귀지 않는다는 거였다. 그 아이의 관심사가 너무 유치해 대화에 재미를 못 느낀다는 것이 이유였다. 다음에는 진짜 대화가 되는 아이를 만나고 싶다고 했다. 아들은 이 일로 인기 있는 여자아이도 자신을 좋아한다는 걸 경험하며 자신감을 더 얻은 듯했고, 또 선망했던 여자를 멀리할 수도 있다는 우월감도 생긴 듯했다.

어느 날 나는 집안에 어수선하게 얽혀있는 텔레비전이며 오디오 선을 아들에게 정리하라고 했다. 구체적으로 이렇게 저렇게 하라고 말을 해도 녀석은 통 내 말에는 귀를 기울이지 않고 자기 멋대로 하더니 정말 엉뚱하게 일만 저질러놓고 있었다. 녀석에게 교만의 그림자가 어른거리고 있었다.

녀석은 외모만 되는 게 아니라 교양도 있어서 엄마나 누나들도 무척 존중해주었다. 아들은 그런 대접을 너무나 당연한 것으로 여기는 듯했다. 그러나 나는 아들의 바로 그 점을 걱정하고 있었다. 우월감에 싸여 사는 사람들의 삶이 얼마나 천박하고 그 끝이 어떤지 수없이 보아왔기에.

나는 애비의 말도 건성으로 듣는 녀석에게 매를 들었고 집에서 내쫓아버렸다. 겉으로는 온순한 듯하지만 그 내면에 이미 우월감이라는 큰 장애가 자리 잡은 아이에게 다른 약은 없어 보였다. 처량하게 돌아다니다 들어온 녀석에게 나는 그동안 보아온 세상을 이야기했다.

어린 시절 소위 명문고등학교를 다니던 친구들은 나에게는 선망의 대상이었다. 그러나 그때도 그들을 만나면 무엇이 그렇게 자랑스러운지 늘 우쭐댄다는 느낌이 들었다.

같은 집에서 하숙하던 한 아이가 그 학교에 다녔는데 나보다 학년이 낮은데도 내가 감히 그의 얼굴을 쳐다보기도 힘들만큼 거만했다. 외모까지 출중해 여자아이들과 자주 만난다는 소문이었다. 가끔 그는 술도 먹고 담배도 피우건만 하숙집 아주머니는 그가 똑똑하고 멋있다며 침이 마르게 칭찬했다.

나는 그 후 그들의 장래가 궁금해 늘 지켜보게 되었다. 내 눈에는 칭찬과 선망 속에 살아온 그들이 자기도 모르게 우월감에 길들여져 계속 그런 우월감을 느끼기 위해 세속의 욕망을 더 좇는 것으로 보여졌다. 그들은 남들이 알아주는 직위, 남들이 인정하는 부를 남보다 하루라도 더 빨리 얻으려고 동분서주했다.

수십 년의 세월이 흘렀다. 얼마 전 한 친구를 만나 그 학교의 졸업앨범을 뒤적인 적이 있다. 놀랍게도 사회적으로 기여는커녕 괜찮은 직장에 다니는 친구도 거의 없었다.

낮은 곳을 걷지 않고는 정상에 오를 수 없는데도 정상에만 앉아보겠다는 신기루를 좇은 결과일 것이었다. 그런데도 그들은 수십 년이 지난 지금도 명문 학교 다닐 때의 그 영화가 그리운지 그 시절 이야기로 꽃을 피우며 자신들을 드러내려고만 했다.

우월감은 남과 나를 가르는 벽이다. 그 벽은 나를 가두고 옭아맬 뿐이다. 그런데도 나는 우월감속에 살고 싶어 한다. 그러나 그 벽을 깨지 못하는 한 나는 세상과 소통하지 못하게 돼 결국 가장 열등한 사람으로 살아갈 수밖에 없다. 나를 못생겼다고 한 그 아주머니처럼 늘 나에게는 내 벽을 깨주는 그런 사람이 필요했다.

나는 아들에게 머리가 좋다는 것으로, 얼굴이 잘났다는 것으로, 말을 잘한다는 것으로 우월감을 가진 사람들이 빠져들기 쉬운 함정이 무엇인지 애써 말해주었다. 심지어는 선한 일을 한다는 것으로 갖게 되는 우월감이 얼마나 사람의 꼴을 우습게 비틀어버리는지도….

그리고 외모나 머리가 좋을수록 진정 가치 있는 꿈을 갖지 않으면 외모나 머리나 이런 조그만 것들에 기대어 사는 시시한 인생을 살게 될 거라는 것도 알려주었다.

그러나 가치 있는 것에 자신을 던지고 살겠다는 큰 꿈을 갖게 되면 자신이 얼마나 왜소한 존재인지 늘 느끼게 되어 자신을 낮출 수밖에 없고, 자신을 낮추다 보면 세상과 원활하게 소통하게 되어 오히려 귀한 인생을 살아갈 수 있지 않겠느냐고 내 나름대로 터득한 것들을 들려주었다.

다행히 아들은 내 말을 심각하게 받아들이는 것 같았다. 앞으로도 아들에게 또 나에게 끊임없이 찾아들 우월감의 그림자를 아들도 나도 스스로 거두어가며 살아갈 수 있기를 소망해본다.

## 언변이 없냐? 인물이 못났냐?

며칠 전 방송국에 다니는 친구가 찾아와 고민을 털어놓았다. 그는 수틀리면 상사를 자주 맞받아쳤다. 그 기개에 후배들도 그를 잘 따라주어 직장생활 하는 맛이 쏠쏠했다. 그런데 그의 문제점을 파악한 상사가 그를 한직으로 내몰았다. 직장을 그만두라는 표시였다. 이제 직장을 그만두지 않으면 후배들에게도 비굴한 사람으로 비춰질 것이 뻔했다. 그의 얼굴에 초조한 기색이 역력했다. 그를 보며 내 어린 시절이 떠올랐다.

어린 시절 아버지와 바둑을 자주 두었다. 어느 날 나는 초반에 바둑을 한 수 물러주었는데 그날따라 아버지가 후반의 결정적인 순간에 물러주지 않았다. 내가 질 것이 뻔했다.

나는 왜 어른이 그렇게 불공평하냐며 아버지를 공격했다. 맘씨 좋은 아버지는 얼굴을 씰룩이시면서도 참고 있는 모습이 역력했다.

그럴수록 나는 아버지의 약점을 집요하게 건드렸다. 결국 나는 사정없이 맞았고 집에서 신발도 신지 못한 채 쫓겨났다. 누가 볼세라 마을 뒷산으로 올라갔다. 배가 고파왔고 고아가 된 심정이었다. 밤이 이슥해서야 집에 들어와 아버지 몰래 슬그머니 잠자리에 들었다.

나는 이렇게 무슨 일에든 지지 않으려 했다. 말다툼이라도 생기면 끝까지 싸워 이기려 했다. 누가 내 잘못을 조금만 지적해도 "너에게는 잘못이 없느냐."며 따지고 들었고 누구와 말싸움에 지고 나면 '이렇게 말했으면 상대가 꼼짝 못 했을 텐데 왜 그렇게 하지 못했을까.' 하는 아쉬움으로 밤새 속앓이를 했다.

부유한 친구를 만나면 "나는 돈은 없어도 든 것은 너보다 많아." 공부 잘하는 친구를 만나면 "너는 공부는 잘하지만 나보다 인기가 없어." 미남인 친구를 만나면 "너는 얼굴은 잘났어도 나보다 키가 작아." 하며 누구도 인정해주지 않았다.

사람은 누구에게나 흠이 있어서 그 흠만 보고 공격하면 승리자가 될 수 있었다. 그러나 그 승리의 대가로 적만 늘어갔고, 그 결과 나는 외톨이가 되어 갔다.

고등학교 때였다. 내가 정말 좋은 의견을 냈는데도 친구들은 다른 친구의 의견대로 하자는 것이었다. 분명 나를 반대한다는 생각이 들었다. 나는 내가 눈앞에서는 이겼지만 사실은 늘 지고 있었다는 것을 조금씩 느끼기 시작했다. 그런데 사람들도 나처럼 늘 이기려고만 하고 있었다.

대학 시절이었다. 함께 공부하던 친구가 괜한 싸움을 걸고 나를 때렸다. 그러나 나는 그냥 맞고 서 있었다. 그가 나에게 물었다. "왜 너는 나를 때리지 않느냐고…."

나는 "내가 너에게 이긴들, 네가 나에게 이긴들 무슨 소용이 있을까 싶어 그냥 서 있다."고 대답했다. 그랬더니 늘 나를 무시하던 그 친구가 그날부터 나를 진심으로 대해주는 것이었다. 이 경험은 어른이 되어서도 나에게 큰 힘이 되어주었다.

몇 년 전 사무실에 어릴 때의 나처럼 정말 누구에게도 '지지 않는' 사람이 나타났다. 그의 표정에는 '내가 언변이 없냐? 정의감이 없냐? 인물이 못났냐?'는 생각으로 가득 차 있었다.

말을 조근 조근 잘하는 그는 남이 얘기할 때는 무덤덤하다가 어느새 말을 가로채 침을 튀어가며 떠들어 댔다. 자신이 주인공이 되면 기뻐 어찌할 줄 모르고 다른 이가 주인공이 되면 금세 시큰둥해졌다. 그의 잘못을 지적하면, 더 잘할 수 있는 방법을 배우기보다는 자신이 왜 그런 잘못을 했는지 장황하게 설명했다. 배우는 것이 마치 지는 일이라도 되는 양….

그가 지적을 받은 날은 모두 그의 눈치를 살펴야 했다. 그래서 그는 잘못을 저지르고도 당당했고 오히려 잘못을 지적한 사람이 그의 비위를 맞춰주어야 했다. 그는 남의 평가에만 촉각을 곤두세웠고 자신과의 싸움에는 관심이 없어 보였다. 나는 우선 그에게 말을 줄이고 아무 때나 나서지 말라고 충고했다. 그리고 날마다 함께 성경 묵상을 했다.

그가 바뀌기 시작했다. 남이 좋은 의견을 내면 누구보다 크게 기뻐하고, 잘못을 하면 시인하고, 모르는 것을 알려주면 눈이 반짝이고…. 이제 그가 없는 날은 허전하다. 그는 이렇게 거인이 되었다.

며칠 전 딸이 이런 이야기를 했다. "아빠, 내 친구는 아버지에게 혼날 때도 아버지한테 지기 싫어 절대 울지 않는대. 울면 지는 거라면서…. 그런데 공부나 옳은 일 하는 데는 맨날 져도 개의치 않아. 웃기지?"

"우리는 '지는 것이 이기는 것'이라는 이야기를 자주 들으며 자랐다. 하지만 그 진정한 의미를 알기까지에는 수십 년이 걸린다." 나는 방송국 친구에게 이런 이야기를 들려주며 이번이 자신이 정말 져보는 좋은 기회라고 말해주었다. 그의 얼굴에 희망이 보이는 듯했다.

## 노처녀 셋 노총각 셋

 서른넷, 서른넷, 서른다섯, 혼기를 넘긴 사무실의 세 처녀들. 붙임성 있고 쾌활한 데다 매력 있는 얼굴의 수진이, 얌전한데다가 청순가련형의 예쁜 진영이, 고향 미인대회에서 상까지 받았던 새침데기 주희.
 해를 넘길 때마다 내가 일을 너무 많이 시켜 시집을 못 가는 것 같아 마음이 편치 않았다.

 사무실 총괄 수진이는 직원들이 모두 퇴근한 후에야 일을 마쳤고, 디자인하는 진영이는 잡지 마감이 다가오면 며칠씩 밤을 새우기 일쑤였으며 홍보를 맡은 주희는 주말에 더 바빴으니 데이트를 언제 하겠는가.

직원이 충원되면 그나마 숨통이 트이겠지만 신입사원들은 얼마간 일하다 조금이라도 힘이 들면 미련 없이 그만두었고, 아르바이트 학생들도 일을 배울 생각보다는 요것조것 조건들만 따져 묻곤 했다.

그런데 강남의 부잣집 딸인 수진이나 아버지가 대학교수인 진영이나, 든든한 오빠들을 둔 주희나 꼭 돈을 벌어야 할 절박한 처지도 아니고 작은 잡지사에서 일하는 것이 혼사에 도움 될 턱이 없는데도 불평 한마디 없이 곰처럼 일을 했다.

눈이 마주치면 항상 "히~" 하고 하얀 이를 드러내며 미소 짓는 그녀들을 보면 미안한 마음이 더 들었다.

'더 나아지겠지, 좀 쉬워지겠지….' 그러기를 몇 해, 그녀들의 얼굴에서 나이 들어가는 노처녀의 스산함이 엿보이기 시작했다. 어떻게 해야 하나?

그런데 그녀들은 결혼이 사람과 사람의 깊은 만남인데도 자신과 어떤 환상과의 결합으로 믿고 있는 듯했다. 일도 자기 방식으로만 처리하려 했지 적극적으로 배우는 데는 서툴렀고 상대에게 맞춰주는 것을 불편해했다. 남자들도 그녀들의 그런 마음을 불편해할 것은 당연했다.

그래서 나는 한 명 한 명을 붙들고 애타게 그녀들의 아픈 곳까지 건드렸다. "너희들 말이야, 마음만 바꾸면 금세 결혼할 테니까 마음부터 바꿔!"

"수진이 너는 좀 진중해졌으면 좋겠어. 넌 모두에게 잘 대해주기는 하지만 네 온 마음을 다해 누구를 사랑한다는 느낌은 없어." "진영아, 너는 은근히 고집이 있어. 남이 말할 때 건성으로 듣는다는 느낌이 들어."

"주희야, 너는 너보다 나은 남자랑 결혼해 네가 기뻐지려 하지 말고, 네가 결혼해준 남자가 너보다 더 기뻐하도록 해봐."

"남자들이 조건과 미모를 보는 것 같지만 절대 그렇지 않아. 너희들도 남자 생김새만 보고 결혼하지 않듯이 남자들도 그래. 마음이 꽉 차야 해. 너희 중 한 사람이라도 먼저 바뀌어 결혼하면 그 영향으로 줄줄이 결혼하게 될 테니 두고 봐."

나는 마치 예언자라도 된 듯 이렇게 큰소리를 쳤다.

어느 날 주희가 자기보다도 키 작은 남자를 데려왔다. 이야기를 나눠보니 사람이 진국이었다. 나는 주희에게 "저 사람하고 결혼하면 틀림없겠다." 하고 불을 지폈다.

주희가 그 남자와 결혼하던 날 우리 직원들 모두는 합창으로 축가를 불렀다. 음정도 박자도 엉망인 그 합창을 듣고 주희는 눈물을 흘리며 남편이 근무하는 호주로 떠났다.

  몇 달 후 수진이가 결혼을 선포했다. 선을 보러 갔는데 몇 년 전 선을 봤던 남자가 나왔더라는 것이다. 마음이 달라져서인지 옛날에 놓친 그 남자의 장점들이 보인다고 했다. 몇 달 후 진영이도 수줍게 결혼 얘길 꺼냈다. 우리 모두는 굼벵이도 뒹구는 재주가 있다고 웃어댔다.
  나는 "그것 봐라! 너희가 바뀌니 사람도 달리 보이지?" 하며 내 예언이 맞지 않았느냐고 떠들었다.

  이제 그녀들이 결혼한 지도 벌써 사 년째 접어든다. 가끔 친정 오듯 사무실에 놀러 오는 수진이, 호주에서 한국에 올 때마다 들르는 주희, 쌍둥이를 낳아 힘들어하는 진영이….
  그들의 전화나 편지 속에는 "옛날에 변호사님께 그런 야단을 맞지 않았다면 아직도 결혼 못 했을 거예요." "살아볼수록 그때 그 말씀들이 정말 옳다는 생각이 들어요."
  "어려운 일이 있을 때마다 사무실에서 배운 사랑의 힘으로 잘 넘어가고 있어요."

나는 또 우리 사무실 세 노총각에게 큰소리를 친다.

"니들 결혼하고 싶으면 마음부터 바꿔!"

## 모래성 쌓는 천재들


뉴욕에 오면 무척 자랑스러운 눈빛들과 마주칠 때가 많다.

"아들이 하버드에서 MBA를 마치고 골드만 삭스에 근무해요. 연봉을 50만 달러도 넘게 받는대요. 어릴 때부터 천재 소리를 들었지요."

"내 딸은 콜롬비아를 졸업하자마자 바로 메릴린치에 들어가 이번에 보너스 받았는데 그 돈으로 맨해튼에 전망이 기가 막힌 콘도를 샀어요."

아들딸 자랑만 하는 게 아니다. "월가에서 레스토랑을 하는데 월가 부자들이 단골이지요. 유명 배우 ○○도 오고 억만장자 △

△도 자주 와요."

　일본에서 월가로 자리를 옮겼다며 자부심 가득한 눈길의 어느 일본인, 신문사를 일찍 그만두고 보수가 월등하게 높은 월가로 자리를 옮기고 만족스러워하던 뉴욕타임스 기자 출신의 미국인, 입만 열면 장래 월가에서 일해보겠다는 젊은이들….

　그렇게 모든 사람들의 자부심인 월가는 그 무시무시한 9·11 테러를 맞고도 끄떡없었다. 자본주의의 상징인 월가가 그깟 테러 분자들의 소행에 쉬 무너지겠는가.


　미국은 테러 분자의 입국을 막기 위해 철통같은 보안시스템을 만들어냈다. 그래서 미국에 들어갈 때면 나도 테러 분자 취급을 받는다.

　미국 시민들은 기다릴 필요도 없이 입국심사대를 통과하지만 외국인인 나는 길게 늘어선 줄에 서서 하염없이 차례를 기다려야 한다. 한참을 서 있다가 순서가 가까워 오면 제복을 입은 공항 안내 여성이 엄한 표정으로 "다음!" 하며 까닥까닥 손짓을 한다. 심사대에 들어서면 퉁명스런 심사관과 마주 서서 기계적인 지시에 따라 사진 찍고 지문 날인하고….

　심사대를 벗어날 때면 온몸에 불쾌감이 묻어난다. '이렇게 하면서 미국이 언제까지 일등국가로 살아남을 수 있을까?' 뭔가

모를 분노가 치밀어오른다.

미국에서 외국인이 은행구좌를 여는 것도 만만치 않다. 테러자금 차단을 위해 까다로운 절차를 거쳐야 한다. 사람을 만나러 건물에 들어가려고 해도 무슨 대통령이라도 만나러 가는 것처럼 입구에서 신분증을 보이고 기다리게 하고…. 세계화를 외치며 다른 나라들을 자유롭게 들락거리는 미국인들이 자국에서는 외국인들에게 몹시도 폐쇄적이다.

자신의 나라를 안전하게 지키기 위한 몸부림이겠지 하는 관대한 마음도 가져보지만 그들을 쉽게 이해할 수는 없다. 그들은 무엇을 지키려 하는 것일까?

친절과 관용, 휴머니즘과 신뢰로 빛나야 할 소위 '초일류국가'가 정반대로 불친절과 불신으로 그깟 돈과 힘만 아등바등 지키려 하고 있으니….

골드만삭스, 모건스탠리, 메릴린치, 리먼브라더스, 베어스턴스…. 그런 철통같은 보안 속에서 세계 최고의 두뇌들이 모여 세계 최강국 미국의 보호를 받으며 세계 경제를 좌지우지하던 최첨단 투자은행들이다.

세상 모든 젊은 천재들의 꿈의 직장으로, 세상 모든 기업들의 선망의 대상으로, 세계 경제 교과서였던 미국의 금융시스템은 지금 어떻게 되고 있는가.

  수천 명이 죽은 9·11 사태에도 살아남고 지구촌 곳곳에서 반미를 외쳐도 한 귀퉁이 바람 소리로 여길 만큼 당당하기만 하던 월가가 왜 하루아침에 조롱거리로 전락했는가?

  학생 시절, 그 도시에만 가면 천재로 알려진 그의 이름을 들먹이지 않는 사람이 없었다. 대입 예비고사 수석, 서울법대 수석, 사법고시 수석, 사법연수원 수석… 학교도서관에 있는 책을 죄다 읽었다는 전설까지 붙여져 그의 이름은 그 도시 전체의 자랑이었다.

  변호사가 되어 어느 날 내가 맡은 사건의 상대 변호사로 그의 이름이 적혀 있었다. 그가 보내온 서면을 보니 성실하면서도 논리적인 변론을 하고 있어서 사건이 진행될수록 긴장이 되었다. 정황으로 볼 때 법원에서 누구의 손을 들어주어도 그만인 반반의 승소 가능성밖에 없는 사건이었다.

  어느 날 상대방 증인이 나와 증언을 하는데 재판장은 상대방에게 유리한 위증을 하는 것처럼 보이는 그의 증언에 의구심을 갖는 듯했다.

  재판장이 물었다. "증인, 신용장이 뭐지요?" 무역업에 종사하는 사람이라면 누구나 알 수 있는 질문이었다. 재판장의 의도는, 그가 정말 그 무역에 종사했는지 확인하려는 것으로 보였다. 나는 증인의 대답을 기다렸다.

그 순간 상대 변호사가 따발총처럼 대답했다. "수출업자가 수입업자로부터 대금을 받지 않고도 은행의 신용을 믿고 물품을 보내줄 수 있도록 수입업자의 거래 은행이 발행하여 수출업자에게 보내는 물품대금 지급보증서가 신용장이다."

그가 교과서보다 더 정확하게 말하는 동안 재판장의 얼굴은 굳어갔다. 어안이 벙벙해진 나도 잠깐 이런 생각을 했다. '천재라고 알려진 이 사람이 바보로구나! 재판장이 신용장을 몰라서 물어본 것이 아닌데….'

꼭 그 이유 때문은 아니겠지만 재판장은 그 사건에서 내 의뢰인의 승소를 선고했다.

세상에는 쓸모없는 지식이 너무나 많다. 아이비리그 우등생일수록 첨단 투자은행들은 더욱 많은 연봉을 주며 데려간다. 우등생들은 그 높은 연봉 값을 하기 위해 더 많은 수익을 낼 첨단 투자증권을 만들어낸다. 그리고 투자자들은 그들의 화려한 학력과 천재적인 두뇌를 신뢰하며 투자한다.

천문학적인 거액의 투자가 몰려들면 월가의 천재들은 자신들의 능력에 흡족해하며 마천루 빌딩에서 얼마나 파안대소했을까. 그러나 투자가 성공하려면 그 뿌리가 되는 부동산 담보가 튼튼해야 하는데 은행은 더 많은 이자를 벌어들이려는 욕심에 부동산 가격의 10퍼센트만 지불해도 매수인에게 90퍼센트의 돈을 융자해주었다. 그러다 보니 부동산 가격이 조금만 하락해도 은행에서는 융자금을 날릴 수밖에 없었다.

그런데도 천재들은 온갖 머리를 써서 그 부실한 융자채권을 토대로 이런저런 증권을 만들어 투자를 확대해갔다. 모래 위에 집짓기랄까?

모래 위에는 집을 지을 수 없다. 그런데도 천재들은 그들의 머리로 무엇이든 할 수 있을 거라고 착각한다. 그리고 사람들은 그들의 천재성을 우상처럼 받든다. 그러나 그 천재성이 빛을 발하면 발할수록 세상의 어둠은 더욱 짙어간다.

오늘의 월가가 무너지고 있는 것은 9·11 테러 때문도 아니고 세계 곳곳의 살벌한 반미구호 때문도 아니다. 그들 스스로 천재성을 발휘하여 모래 위에 집을 짓고 그들 스스로 무너져내리고 있는 것이다.

그 천재들이 월가에 모여 그럴듯한 프로젝트로 세상 사람들에게 거대한 욕망을 부추기는 대신, 사랑과 평화를 위해 조그만 일이라도 실천해왔다면 오늘의 세계는 어떤 모습일까?

진정한 천재는 기초를 본다, 기본을 본다. 이 진리를 되새기면서 오늘 나는 내 자신에게 물어본다.

'세상이 칭송하는 천재들에게 시선을 두고 있는가, 내 삶의 기본에 충실하고 있는가? 내 자녀에게 월가를 향해 가도록 하고 있는가, 사람을 존중하는 세상을 만드는 데 힘을 보태라고 하고 있는가?'

어마어마하게 쌓아가는 월가의 부를 내가 부러워하고 있지는 않는지, 내가 오늘도 모래성을 쌓고 있지는 않은 지 살펴볼 일이다. 오늘 하루도 내 안에 이미 있는 소중한 것들을 더욱 튼튼히 해야겠다.

## 좋수꽝? 원더풀!

사람들은 정권이 바뀌면 세상이 바뀌었다고 말한다. 과연 그럴까?

나는 미국인을 위한 잡지를 만들기 위해 미국에 갔는데 미국인이건 교포건 예외 없이 이런 말을 한다.

"미국과 한국은 문화가 다르고, 미국인과 한국인은 정서가 다른데 어떻게 그 문화와 정서의 차이를 극복하겠느냐? 교포 자녀들을 위한 잡지를 만드는 것은 몰라도 미국인들을 위한 잡지는 불가능한 일이 아니냐?"

그러면 나는 그들에게 묻는다. "미국인과 한국인이 다르다고 생각하느냐?"

그 질문을 받은 사람들은 너무나 답이 뻔한 질문이라는 듯 "당연히 다르지요." 하고 대답한다. 그러면 나는 이런 이야기를 한다.

"제주도 할머니가 벤치에 앉아 나이아가라 폭포를 구경하면서 옆에 있던 백발의 미국 할머니에게 "좋수꽝? 좋수꽝?" 하고 큰소리를 쳤다. 그러자 미국 할머니도 "Wonderful! Wonderful!" 하고 답했다.

영어 한마디 못 하는 제주 할머니가 한국말을 못 하는 미국 할머니와 서로 웃고 떠드는 것이 하도 신기해 가만히 보았다. 제주 할머니는 제주 사투리로, 미국 할머니는 영어로 서로 감탄하며 이야기를 주고받듯 이어갔다.

서로 다른 언어를 사용하지만 느낌은 같다. 그리고 그 감동으로 소통이 된다. 이렇게 아름다움을 느끼고, 감동을 나누고 싶어 하는 마음은 미국인이건 한국인이건 마찬가지 아니냐?"

미국인도 한국인처럼 맛있는 것을 먹고 좋은 옷을 입으면 좋아한다. 모두 칭찬하면 기뻐하고 가족이 죽으면 슬퍼한다. 미국인도 부자 되기를 바라고 한국인도 마찬가지다. 미국인도 사랑하고 사랑을 받고 싶어 하는 것은 한국인과 다를 바 없다.

물론 우리는 국어를 말하고 미국인은 영어를 말한다. 우리는 밥을 먹고 그들은 빵을 먹는다. 우리는 국악을 듣지만 미국인들은 재즈를 듣는다. 그러나 그런 차이도 알고 보면 별것 아니다.

영어를 쓰고 말하는 한국인도 있지만 미국인도 영어를 제대로 쓸 줄 모르는 사람이 의외로 많다. 빵을 좋아하는 한국사람도 많고 밥을 좋아하는 미국인도 많다. 미국인이건 한국인이건 국악이나 재즈를 듣고 좋아한다.

그런데도 굳이 다르다는 것을 강조하는 이유가 뭘까?

언젠가부터 다름을 인정하고 다양성을 강조하면 자신이 마치 대단한 지성인이라도 되는 듯 여기는 경향이 늘어가고 있다.

미국과 한국도 다른 것은 1퍼센트가 안 되고 같은 것은 99퍼센트가 넘는데도 우리는 미국과 한국이 다르다고 한다. 정확히 말하면 다르기도 하고 같기도 하다고 해야 하는데, 아니 그냥 같다고 해버려도 되는데 다르다고 말하는 것을 진리인 양하는 이유는 무엇인가. 예외가 원칙을 지배해버리는 이런 현상은 왜 일어나고 있는가?

이제 진보에서 보수로 정권이 바뀌었다. 사람들은 권력 실세도 모두 바뀌었다며 세상이 달라졌다고 또 떠든다.

김대중 정권 실권자들이 노무현 정권 때는 놀랍게도 한 사람도 없었느니, 노무현 정권 사람들도 이명박 정권에는 거의 사라졌다느니….

그러나 내 눈에는 달라진 것이 없다. 여름밤 켜놓은 등불에 달려드는 모기 몇 마리를 잡아봐야 여전히 모기떼가 몰려들듯 김대중 정권 때건, 노무현 정권 때건 이명박 정권 때건 그 주변에는 권력과 명성을 좇는 사람들이 몰려있으니까.

모기들이 몰려왔다 몰려가도 등불은 밤을 밝힌다. 어떤 모기가 오건 세상은 달라지지 않는다. 그런데 왜 우리는 달라지지 않은 전체는 보지 못하고 달라지는 부분만 볼까? 하얀 백지에 점을 찍고 무엇이 보이냐고 물으면 우리는 점이 보인다고 대답한다. 실제 더 큰 부분은 하얀 백지인데도….

동창회 날 버스를 타고 놀러 가다가 한 친구가 어릴 때부터 병약해 늘 누워있는 친구를 만나고 싶다고 했다.

그러자 어릴 때부터 몸이 건장한 친구가 "그 녀석 곧 죽을 텐데 만나서 뭐 하냐." 하는 것이었다. 그러자 다른 친구가 "야, 네가 건강하면 얼마나 건강하냐, 그 친구가 병약하면 또 얼마나 병약하냐. 사람 일은 몰라." 하는 것이었다.

그런데 몇 달 후 그 건강한 친구가 암에 걸려 죽었다는 소식이 들렸다. 문상을 가는 친구들의 맘은 착잡하기 그지없었다.

건강하면 얼마나 건강하냐! 부자면 또 얼마나 부자고 가난하면 또 얼마나 가난하냐! 크게 보면 우리는 모두 동등하지 않은가. 그런데 왜 우리는 다름을 강조하는 것일까?

백지 위의 점은 눈에 띄고 싶어 한다. 점에 불과한 권력에만 모두 관심을 가지면 권력이 모든 것인 것처럼 된다. 우리가 점을 점으로 보면 그 점은 그저 백지 위의 다른 여백과 같은 것이다. 그럴 때 그 점도 다른 여백을 존중하며 함께 갈 수 있다.
새로 탄생한 정부를 위해서도, 우리를 위해서도 우리는 권력에 지나친 관심도 기대도 가져서는 안 된다.
너와 내가 다름을 인정하자, 다양성을 받아들이자는 것은 서로 다르다는 것을 강조하기 위해서가 아니라 오히려 너와 내가 같다는 것을 받아들이기 위한 것이다. 서로 같아지기 위해서 다름을 인정하자는 것인데 우리는 서로 달라지기 위해서 다름을 받아들이고 있다.

내가 미국인을 나와 다른 사람으로 생각한다면 내가 미국인을 위한 잡지를 내는 것은 불가능한 일이다. 문화와 정서와 품성이 조금 다른 점을 가지고 그 차이만을 크게 강조한다면 내가 만든 책을 미국인이 읽지 않을 것이기 때문이다.

그러나 내가 아름답다고 느끼는 것을 미국인도 아름답다고 할 것이라면, 내가 멋있다고 사랑스럽다고 느끼는 것을 미국인들도 그렇게 느낀다면 가능한 일이다.

다르다는 것을 강조하다 보면 내가 할 수 있는 일의 범위가 좁아진다. 그러나 같다고 보면 어떤가? 빈부와 귀천도 사실 그 안을 들여다보면 별반 차이가 없다. 죽음과 삶도 다른 것 같지만 매한가지다. 그것 모두가 한가지임을 아는 이들은 자유로울 수 있다. 돈에서도 명성에서도 죽음에서도….

그러나 그것이 다르다고 믿는 이들은 늘 부자유스럽다. 돈에 묶이고 명성에 묶이고 죽음에 묶인다. 그래서 돈 때문에 죽도록 고생하고 명성을 위해 아귀다툼을 하며 죽음을 피하려고 온갖 수단을 마다하지 않는다. 그러나 그 결과는 무엇이던가?

새 대통령의 취임식 소식을 들으며 우리는 새로운 희망을 본다. 그것은 새 정부로 인해 우리가 달라지리라는 기대 때문이 아니라, 인간은 모두 같다는 그 한 가지를 다시 새길 수 있기 때문이다.

새로운 정부가 세상을 바꿔주리라 기대한다면 그들은 백지 위의 둥그런 점을 세모로 만들거나 네모로 만들어 그걸 보여주려고 애쓸 것이다. 우리는 같은 점인데도 그것이 둥글다느니 세모라느니 또 난리를 피울 것이다.

  네모로 해야 한다, 세모로 해야 한다, 그냥 둬야 한다며 인터넷은 달아오를 것이고 신문에서는 이런저런 분석 기사를 쓸 것이며 세상의 온갖 잘난 사람들은 미국에서는 이렇고 유럽에서는 이렇다며 가르치려 들 것이다.

  정의를 부르짖는 사람들은 세모는 부자에게 도움 되고 네모는 가난한 사람에게 도움이 된다며 네모를 그리자면서 단식을 하고 머리에 띠를 두를 것이다.

  새로운 집권자들은 점에 불과한 자신에게 세상의 온갖 이목이 집중되면 자신이 세상을 흔드는 여의봉을 가졌다고 여기고 세상을 개혁해야 한다며 또 이런저런 시도를 할 것이다.

  백지 위의 점만 보는 사람들이 줄어들고 전체를 있는 그대로 보는 사람들이 제발 늘어갔으면 한다.

  그럴 때에만 점에 불과한 새 정부도 자신의 위치를 알고 우리들도 우리가 해야 할 역할을 넓혀갈 수 있고 그럴 때에야 진정 우리의 삶이 자유로워질 수 있을 것이다.

## 마음대로 고쳐도 돼요

대학 시절 어느 교수님이 이런 말씀을 하셨다.

"나는 신문에 글을 쓰지 않는다. 글을 보내봤더니 기자들이 내용을 엉뚱하게 고쳐 편집한다. 기자들 수준이 엉망이다."

논리정연한 문장으로 법학계 최고의 교과서를 썼다는 평가를 받고 있는 그 석학의 말을 들으며 나는 우리 언론계 현실에 안타까움을 느꼈다.

그래서인지 신문의 칼럼을 읽으면 석학에게서든 유명인에게서든 논리는 느껴져도 내 좁은 가슴을 탁 트여주는 넓은 시야가 담긴 글, 현실을 말하면서도 현실을 뛰어넘는 그런 신선한 글을 만나기는 힘들었다. 그럴 때마다 나는 그 교수님의 말씀이 떠오르곤 했다. 세상에는 분명 훌륭한 분들이 많을 텐데 왜 신문은 이런 시시한 글밖에 싣지 못할까 궁금했다.

나라도 사람들의 가슴을 틔워줄 멋진 글을 써보고 싶었다. 썼다가 지우기를 수없이 반복하며 며칠간 끙끙거렸더니 어느 정도 만족스런 글이 되었다.

나는 자랑스럽게 아내에게 읽어보라고 한 후 반응을 기다렸다. 아내는 아무 말도 하지 않았다. 성격이 급한 나는 대답을 재촉했다. 그러자 아내는 "글에 논리만 있고 마음은 들어 있지 않다."고 하는 것이었다. 그럴 리가…. 나는 아이들에게도 직원들에게도 글을 읽어보라고 했다. 모두 무얼 주장하려는지는 알겠는데 너무 딱딱하고 재미가 없다는 반응이었다.

대쪽 같은 논리를 펴면 박수를 받을 줄 알았던 나는 맥이 빠졌다. 글쓰기 방법에 관한 책도 사고 유명작가들의 글도 읽어보며 고심했지만 방향을 잡을 수 없었다.

그러던 어느 날 밤, 잠을 자는데 마음속에 꿈틀거리는 것이 있었다. 새벽녘에 사무실에 나와 책상에 앉았다. 그 꿈틀거림을 글로 쓰는데 마냥 눈물이 흘러나왔다.

나는 그것을 잘 정리하여 아내에게 보였다. 아내의 얼굴에 미소가 피어났다. 직원들도 내 아이들도 모두 만족스러워했다. 그렇게 한고비를 넘기면서 나는 글이란 마음의 움직임이란 것을 알게 되었다. 샘이 없으면 샘물이 솟아나지 않듯이 글 쓰는 사람의 마음에 감동이 없으면 글을 읽는 이에게도 마음의 움직임이 없다는 걸 알게 되었다.

글에 대한 매력을 느끼게 되면서 내 글이 가끔은 사람들의 마음을 치유할 수도 있겠다는 생각이 들었다. '지역차별'이니 '빈부격차'니 '유전무죄 무전유죄'니 하며 다분히 정치적 의도로 만들어진 논리들을 마치 절대적 진리나 되는 것처럼 신봉하며 사는 사람들의 상처를 조금이나마 감싸주고 싶었다.

그런 간절함 때문이었는지 생전 알지도 못하던 분으로부터 어느 종교잡지를 맡아 해보라는 뜻밖의 권유를 받게 되었고, 나는 잡지를 발행하며 매달 글도 쓰게 되었다.

몇 년 전 S대 유명 교수님이 잡지사에 글을 보내오셨다. 외국의 여러 대학을 방문하면서 어떤 석학을 만나 무슨 이야기를 나눴고, 또 누구를 만났고… 그런 글이었는데 아무리 읽어봐도 건질만 한 내용이 없었다. 어떡해야 할지 고민을 하고 있는데 며칠 후 그분에게서 이런 메일이 왔다.

"내 글에서 토씨 하나도 고치면 안 됩니다." 그 메일을 읽으며 나는 오히려 수월하게 결정을 내릴 수 있었다. 싣지 않을 것이니 한 자도 고칠 필요 없다고⋯.

언젠가 소설가 박완서 씨에게 글을 청탁했다. 그때는 발행 부수 몇천 권에 불과한, 세상 사람들이 들어보지도 못하던 잡지였다. 그런데 그 대가는 글을 보내오셨고 우리는 감격하며 봉투를 열었다. 정말 재미있으면서도 감동적인 내용이었다. 편집실에는 환호성이 터졌다.

원고 끝에 짧은 편지가 있었다. "제가 보낸 글 마음대로 고쳐도 돼요. 내용이 마음에 들지 않으면 싣지 않아도 괜찮습니다." 누가 옳고 그르다는 식의, 그런 비좁은 시야에서 벗어나 우주를 넘나들며 인간의 마음속에 숨어 있는 신성까지도 담아낸 그 글은 정말 백미였다.

나는 그 글을 독자들에게 조금이라도 더 잘 전달하려는 마음에 의욕적으로 펜을 들었다. 더 나은 글을 만들어보려고 몇 시간이나 끙끙거리던 나는 대가의 문장 앞에 무릎을 꿇고 말았다.

그분의 글은 아무리 고치려 해도 고칠 구석이 없었다. 아, 이래서 대가구나⋯.

자신이 최선을 다하고서도 누군가가 더 나은 작품으로 만들어주기를 바라는 마음, 그런 좋은 작품이 되어서 누군가에게 더 나은 글로 다가가기를 기도하는 마음, 자신의 자존심 따위는 챙길 생각이 없고 상대방의 마음에 평안이 있기를 바라는 마음… 나는 그런 마음들이 바로 '글'이라는 것을 조금씩 알게 되었다.

  그런 마음이 없이 자기를 드러내려는 것만으로는 좋은 글이 나올 수 없다는 것도 알게 되었다. 대학 시절의 궁금증은 이렇게 풀려갔다.

  변호사, 의사, 화가, 음악가, 천문학자, 건축가, 디자이너… 요즘 이런 멋진 전문가들이 '전문'을 내세운다.

  그래서 화가는 법을 알 필요가 없고, 건축가는 음악을 알 필요가 없다. 모두 자신의 분야만 파고든다. 법학도는 법학만을, 음악가는 음악만을, 과학자는 과학만을….

  전문지식이 없었더라면 음악에도 법에도 미술에도 소설에도 관심을 가졌으련만 전문가들은 자신의 분야에만 관심을 가지니 바보가 되지 않을 수 없다.

  또 다른 분야를 알아야 자기의 전공도 제대로 알게 되는데 다른 분야에 관심을 가지지 않아서 자기 전공도 제대로 알지 못하게 된다. 그런데도 우리는 그런 바보들을 석학이라거나 대가라거나 하며 떠받든다.

그들은 남은 알아듣지 못하고 자신만 알아들을 수 있는 이야기를 한다. 그리고 자신의 견해에 대하여는 그 누구의 비판도 거부한다. 그들은 그 닫힘을 권위로 착각한다.

그러나 이런 현상이 비단 그런 전문가들에게만 있는가? 우리의 가정에도 공부전문가, 돈벌이전문가, 공부도우미전문가가 엄연히 존재한다.

아이들은 공부에 방해된다면 누구의 간섭도, 그 어떤 개입도 배격한다. 그 간섭의 배격, 그 개입의 배격을 부모들도 철통같이 옹호한다. 그래서 집안마다 공부의 대가들이 즐비하다. 그 공부의 대가는 공부에만 열중할 뿐 음악이건 미술이건 자연의 아름다움이건 인간의 마음이건 우주의 질서건 관심이 없다.

그 결과 어른이 되어 전문직업인으로 화려하게 탄생하기도 하지만 결국 '전공바보'일 뿐이다. 서가에는 머리를 키워주는 전문 서적은 즐비해도 자신의 마음을 달래줄 책 한 권이 없다. 인간은 컴퓨터 같은 지식의 저장고가 아니다. 그런데도 우리는 아이들을 그렇게 키우고 있고, 우리 역시 그렇게 살아간다.

지금 그 종교잡지는 수만 명의 사람들의 사랑을 받는 잡지가 되었다. 그리고 나는 더 많은 사람들이 진실이 담긴 좋은 글을 읽었으면 하는 마음에서, 전공을 벗어나 세상을 더 넓게 보았으면 하는 바람에서 〈월간독자 Reader〉를 발행하고 있다.

다른 사람들은 어떻게 생각하며 세상을 살아가는지, 내 생각을 다른 사람들은 어떻게 받아들이는지 궁금하기도 하고 다른 사람을 통해 내 생각을 교정도 하고 더 키워도 보고 싶기 때문이다.

매달 수천만 원의 적자에다 숨 쉴 틈 없이 다가오는 일거리들을 눈앞에 보면서도 나는 늘 기쁘다. 왜? 인간의 마음과 마음을 연결해주는 일, 그것보다 더 귀한 일은 없다고 믿기 때문이다.

# 아버지의 감나무 책상

*사랑, 지혜의 샘*

## 아버지의 감나무 책상

"이건 감나무로 짰다."

아버지는 약장 앞에 놓인 책상을 쳐다보며 자랑스럽게 말했다. 좋은 감나무가 나왔다는 소문을 듣고 아버지는 그 감나무를 구입해 목수를 만나러 다녔다.

그 책상이 드디어 도착한 것이다. 붉은빛이 감도는 책상을 쓰다듬어보고 서랍도 열어보는 아버지의 미소 띤 얼굴을 바라보는 것만으로도 나는 행복했다.

아버지는 그 책상 위에 한지를 가지런히 접어 나란히 올려놓고 약장에서 꺼낸 한약재를 저울로 달아 한약을 지었다. 한 재스무 첩의 한지에 색색의 약재가 쌓이면 아버지는 한지를 접어 첩약 봉지로 만들었다. 그리고 한 첩 한 첩 쌓아 올려 열 첩씩 두 줄로 만들어 노끈으로 묶고 마지막에는 큰 종이 위에 그것을 가지런히 올려놓은 후 반듯이 접었다.

그 부스러기도 같고 못생긴 막대기 같은 질긴 나무뿌리들을 그 얇은 종이로 빛이 날 만큼 그렇게 아름답게 포장해내는 모습을 보면 아버지가 큰 예술가로도 여겨지고 명의로도 보여졌다.

아버지의 종이 접는 모습, 노끈 묶는 모습은 지금도 눈에 선하다. 아버지는 처방전을 쓰거나 한약을 지을 때 늘 그런 모습으로 책상 앞에 서 있었다.

나는 집을 떠나 대도시 고등학교에 들어가게 되었다. 자취방을 얻고 나니 맨 먼저 필요한 것이 책상이었다. 어머니와 온 시내를 돌았지만 우리 집 감나무 책상처럼 좋은 책상은 없었다.

그럭저럭 괜찮아 보이는 베니어판 책상을 구해 책을 정리하고 그 앞에 앉던 날 나는 새벽이 될 때까지 소리 내어 책을 읽었다. 나는 그 책상 앞에 가고 싶은 대학의 이름을 붙여놓았다. 외로울 때면 그 책상에 앉아 소리 내어 시도 읽고 노래도 불렀다.

결혼식을 앞두고 아내가 뭘 해갔으면 좋겠느냐고 물었다. 영화에서 본 것처럼 결혼 후에는 멋진 원목 책상에서 책도 읽고 글도 쓰는 내 모습을 상상해왔던 나는 주저 없이 아무것도 해오지 말고 책상만 크고 좋은 걸로 해오라고 했다.

아내는 살림을 조촐하게 장만했지만 책상만은 큰 것으로 들여놨다. 그런데 나는 그 책상이 맘에 들지 않았다. 나는 아내에게 섭섭했지만 아내도 어지간히 시내를 돌아다닌 것 같아 내색할 수 없었다.

변호사 사무실을 내면서도 똑같은 일이 반복되었다. 다른 것에는 돈을 안 들여도 책상만은 좋은 걸로 마련하리라 마음먹고 유명한 가구점 거리는 다 다녔지만 마음에 드는 책상은 없었다. 결국 아내와 나는 값싼 중고 책상을 변호사 책상으로 들여놓고 말았다.

나이 마흔이 넘어 유학길에 올랐다. 아파트를 구하고 무엇보다 먼저 책상을 구하러 다녔다. 수없이 돌아다녔건만 그 아름다운 도시 시애틀에도 내가 찾는 책상은 없었다.

빌 게이츠도 다닌다는 고급백화점에 가면 분명 좋은 책상이 있을 거였다. 그 백화점에 들어선 순간 나는 흥분이 되었다. 층층마다 값비싼 옷이며 생활용품들이 고급스럽게 진열되어 있었다. 가구가 있는 층에 올라가 보니 가격표에 예상보다 동그라미가 하나씩 더 붙은 침대며 소파가 있었다. 백만장자라도 되는 양 벌렁 침대에 누워도 보고 소파에 앉아도 봤다.

그런데 그곳에도 내 책상은 없었다. 뭔가 섭섭했다. 돈을 좀 치르더라도 꼭 사고 싶었는데…. 아내와 나는 또 염가세일 중인 조립식 책상을 샀다.

그 후 십여 년의 세월이 흘렀지만 나는 아직도 책상을 찾고 있다. 일 년 전 뉴욕에 가게 되었는데 이번에는 책상을 발견할 것 같았다. 시애틀은 소도시지만 뉴욕은 세계 제일의 도시가 아닌가! 그러나 이번에는 서두르지 않기로 했다. 뉴욕에서는 언젠가 내 책상을 발견하리라는 믿음이 있었기 때문이다. 우선 플라스틱 접이식 탁자를 사서 책상으로 썼는데 나는 아무런 불편을 느끼지 않고 많은 일을 했다.

어느 날 한 부자 할머니 집에 갔다가 멋진 가구가 있어 그런 건 어디서 사느냐고 물어봤더니 세계 일류디자이너들의 최고급 가구만 있는 곳을 알려주었다. 그 건물은 출입부터 까다롭게 통제해 어렵사리 들어갔는데 십육 층 건물이 온통 진귀한 가구로 가득했다. 뉴욕에는 쉽게 찾을 수 없는 감춰진 곳들이 많다더니….

나는 쾌재를 부르며 구석구석 훑어보았다. 다행히 그곳에는 내가 그동안 그려왔던 원목의 부드럽고 자연스런 책상이 있었다. 그런데 막상 사려고 살펴보면 어떤 것은 손잡이가 맘에 안 들었고 어떤 것은 색이 너무 짙었고 어떤 것은 너무 얄상했다. 그 건물을 나오면서 나는 지금까지 책상에 관한 한 환상을 갖고 살았다는 생각이 들었다.

 어릴 적 나는 앉은뱅이책상에 앉아서 책을 읽었다. 무릎을 꿇고 한참 책을 읽다 보면 다리가 저렸다. 그런데 그 책상에만 앉으면 나는 마음이 차분해졌다. 그래서 나는 그렇게 마음이 차분해지는 그런 책상을 찾은 것인지 모른다. 그리고 모든 일을 책상에서 정성껏 하신 아버지를 보며 나도 그렇게 책상을 무엇보다 소중하게 여겼던 것이다.
 그러나 생각해보면 내가 찾아 헤맨 것은 어쩌면 책상이 아닐지도 모른다. 책상 앞에서 하얀 종이에 한약재를 놓고 묶으며 생명을 살리려는 아버지처럼 나도 그런 가지런하고 정돈된 깨끗함을 찾았을 것이다.
 책상 앞에 앉은 내 모습으로 나는 내 아들에게 무엇을 보여주고 있는 것일까.

## 도망간 아내

작년 연말 뉴욕 거리를 걷다가 중학생인 아들에게 물었다. "너 결혼해서 색시가 도망가면 어쩔래?" 갑작스런 질문에 아들은 당황하다가 "도망 안 가! 난 잘 생겼잖아!" 하고 반격했다.

"야, 잘생겼다고 도망 안 가냐, 생각이 다르면 도망가지." 하자 아들은 "그래도 난 인품이 있잖아!" 하며 여유를 부렸다. 내가 "색시 인품이 안되면 함께 못 살지." 놀리자 아들은 다시 "잘 살펴보고 결혼하면 되지!" 했다.

나는 "사람의 깊은 속을 무슨 수로 알아낼래? 그리고 사람이 늘 변하는데 그걸 살펴봤다고 되냐?" 아들도 이 대목에선 자신이 없는 듯 생각에 잠겼다.

그날 한 사나이가 전화로 무조건 찾아오겠다는 거였다. 들어선 사나이는 인생살이를 늘어놓았다. 스물여섯에 미국에 온 그는 공장에 놀러 갔다가 산더미처럼 쌓인 반품된 오디오를 발견했다. 미국인들은 간단한 고장도 못 고친다는 거였다. 솜씨 좋은 전기공인 그가 싼값에 고쳐주면 돈이 되는 일이었다.

그 일을 맡아 그는 서른도 안 돼 백여 명의 사원을 거느린 갑부가 되었고 아름다운 아가씨와 결혼도 했다. 그런데 믿었던 친구로부터 사기를 당해 모든 것을 잃고 말았다.

권총으로 무장하고 친구를 찾아 헤매다가 3년 후에야 친구를 만났지만 그도 파산해 있었다. 누군가를 증오하면 폐인만 될 뿐이라는 것을 그때 깨달았다.

그는 인생을 다시 시작했다. 롱아일랜드에 허름한 집을 싸게 사서 멋들어지게 고치고 넓은 땅에 정원과 호수를 만들었다. 마을에 쌓인 눈도 치우고 자주 파티를 열어 맛있는 음식도 대접했더니 경계하던 미국인 이웃들도 그를 신뢰했다.

아내를 소중히 여긴 그는 아내의 손끝에 물 한 방울 안 묻히게 했고 아내가 좋아할 것 같으면 무엇이건 사다 주며 그것을 자랑거리로 삼았다. 아이들도 명문대학을 나와 의사도 되고 변호사도 되었다. 집도 수백만 달러로 올라 다시 갑부가 되었다.

그런데 평소 남의 말을 잘 듣지 않던 그는 아내의 말도 귀담아듣지 않았다. 아내가 무엇을 좋아하는지 싫어하는지까지도 아내의 말을 듣고 아는 것이 아니라 자신이 미루어 짐작해 아내를 대했다.

그 넓고 큰 집에서 대화 상대도 없는 아내는 하루하루 갇혀 사는 기분이었을 것이다. 어느 날 아내가 소일거리로 세탁소를 하겠다고 했다. 힘들다고 말렸지만 아내는 막무가내였다.

일거리를 찾은 아내는 즐거워했고 세탁소는 날로 번창했다. 평소 쇼핑을 좋아하고 아이들이 번 돈까지 챙기던 아내에게 돈 버는 재미는 생기를 주었고 급기야 아내는 세탁소를 몇 군데 더 열겠다고 했다.

반대했더니 갈등만 커갔고 결국 이혼 소장이 날아왔다. 화가 나서 소란을 피웠더니 접근금지명령이 떨어졌다.

사기당하고 허송세월 보냈던 옛일을 거울삼아 이번에는 소송에 매달리지 않고 아내가 집착하는 집과 재산을 줘버리기로 했다. 자동차를 운전하고 정들었던 집을 나서는데 아내가 자동차마저 두고 가라고 해 몸만 나왔다. 그때 '껍질만 부부로 살았구나!' 하는 생각에 가슴이 미어졌고 물질주의가 가정을 파괴하고 있다는 말이 실감 났다.

　사나이가 돌아가자 아들이 "아저씨가 부인의 마음 깊은 곳을 채워주지 못해 부인이 돈을 더 좋아한 것 같아." 하고 말했다. 나는 아들이 대견해서 "네 색시는 도망가지 않겠다." 하고 웃으며 거리로 나왔다.

　안전을 위한 경찰 저지선에 갇혀 추위에 떨면서도 브로드웨이는 타임스퀘어에서 새해를 맞으려는 인파로 넘쳐나고 있었다. 화장을 한 멋쟁이 아가씨가 핸섬한 남자와 큰 차를 타고 가는 것도 보인다. 사랑을 찾아 파티에 가지만 진정 자신을 사랑해줄 사람을 만나기란 얼마나 어려운가. 사랑에 목말라 거리를 어슬렁거리는 뉴요커들….

　돌아오는 전철 안 맞은편에 소박한 차림의 두 남녀가 장난을 치고 있었다. 그들의 선한 눈빛엔 서로 신뢰하고 있는 느낌이 완연했다. 그들이 멋진 파티복을 입은 그 어느 남녀보다 훨씬 행복해 보이는 것은 왜일까.

　아들의 얼굴에서 나는 가끔 외로움을 본다. 어릴 적 내가 가졌던 그런 외로움이다. 공부를 할 때도 친구들과 어울릴 때도 찾아오는 그 외로움을 견딜 수 없어 나는 사랑을 얻으려고 몸부

림쳤다. 내 마음을 툭 터놓고 함께할 수 있는 사람을 만나는 것이 왜 그렇게 어려운 일이었는지….

스물아홉 끝자락에 나는 아내를 만났다. 나는 아내에게 내 잘난 점을 실컷 자랑했고, 내 못난 점을 아무 부끄럼 없이 드러냈다. 아내는 그런 나에게 처음 겁을 내는 듯했다. 아내의 얼굴에 스쳐 가는 불안감, 당황스러움….

그래도 나는 아내에게 멋진 옷을 선물하지도 않았으며, 아내의 생일이라고 특별한 사연을 만들지도 않았다. 다혈질인 나는 버럭 화부터 내는 경우가 많았고 '이거 해달라 저거 해달라.' 요구만 했다. 신발 끈이 풀리면 아내에게 발을 내밀었고, 내가 들고 있었던 무거운 짐은 나도 모르게 아내의 손에 들려있었다. 그런 나를 누가 사랑해줄 수 있었겠는가?

그래도 나는 늘 아내를 살폈다. 아내가 돈을 좋아하는지, 화려하게 살고 싶은지, 잘난체하는지…. 그런데 아내는 무엇보다 순수한 것을 좋아했다. 다행히 나는 다른 것은 몰라도 내 안의 천진함, 내 안의 선한 마음만은 가장 소중하게 여겨왔다.

아내는 나에게 불평을 하다가도 내 안의 순수를 발견할 때 진심으로 좋아했다. 그 근원적인 만남이 모든 문제를 풀어주었다.

아내는 내가 기뻐하는 것을 기뻐했고 내가 슬퍼하는 것을 슬퍼했다. 어느새 내 꿈이 아내의 꿈이 되었고 아내의 꿈이 내 꿈이 되었다.

사랑하는 사람을 보면 사랑할 그 무엇이 있다. 그것이 무엇일까? 우리는 누구나 사랑할 수 있고, 쉽게 사랑받을 수 있다고 생각하지만 그 귀한 사랑이 어디 그렇게 호락호락하던가. 평생 사랑을 애타게 찾아 헤매기만 하는 사람이 의외로 많다.

그리고 어렵사리 얻은 사랑도 시간이 가면 변한다. 사랑의 묘미는 늘 변한다는 데 있다. 보석은 한번 가공해 놓으면 그대로 있지만 사랑은 자라기도 하고 멈추기도 하고, 줄어들기도 하고 없어지기도 한다. 사랑은 값진 것이다. 살아있기에 끊임없이 돌보지 않으면 안 되는 사랑은 눈부신 미모로도, 그 전기공처럼 아내를 떠받드는 것만으로도 지켜지지 않는다.

그렇다면 무엇으로 사랑을 지켜낼 것인가! 보석은 돈으로 살 수도 있고 힘으로 빼앗을 수도 있지만 보석과는 비교할 수 없이 값진 사랑은 그따위 것으로는 결코 얻을 수 없다. 우리 모두가 가슴속 깊은 곳에서 늘 애타게 찾고 있는 순수함, 그것이 없다면 마음과 마음이 진정 만날 수 없다.

순수함, 그보다 더 큰 재산은 없다! 어린이다운 천진난만함,

그 사랑의 샘이 말라버리면 누가 나를 사랑하겠는가. 내가 순수해지고 맑아지면 내 샘물은 더욱 넘쳐나고 사랑은 도처에서 나를 찾아올 것이다.

차가운 겨울 뉴욕 거리에서 나는 아들에게 더욱 따뜻하게, 더욱 순수하게 살아가자고 다짐하며 새해를 환호하는 인파 속으로 들어갔다.

## 그의 식당

그 식당은 늘 손님이 가득하다. 10여 년 전 그 식당 앞을 지나다가 손님들의 만족스런 표정을 보고 들어갔다.

벽에 "마음껏 고기를 드셔도 추가 비용을 받지 않습니다."라는 안내문이 붙어 있었다. 질 낮은 고기를 내오거나, 적당히 주는 척하겠지 생각하며 고기를 시켰다.

김치며 반찬이 맛깔스럽고 양 또한 푸짐하여 몇 번이고 달라는 대로 갖다주었다. 그것도 웃는 낯으로. 고기도 얼마나 맛있던지 우리 일행은 각자 3인분씩이나 먹고 말았다.

미안한 생각이 들어 그만 일어서려는데 주인이 오더니 고기를 맛있게 굽는 요령까지 친절하게 가르쳐주며 고기를 더 내오는 것이 아닌가.

손님을 끌려고 처음에만 그러려니 하면서도 며칠 후 다시 가서 시험해보고 싶었다. 그는 처음과 똑같이 환하게 웃는 얼굴로 고기를 푸짐하게 내오며 맛있게 먹을 수 있도록 굽는 법과 먹는 법을 다시 시연해 보였다. 그가 알려준 대로 고기를 굽고 때에 맞춰 먹었더니 그 맛이 일품이었다. 맛이 있으니 많이 먹을 수밖에….

그는 손해 볼 짓만 하고 있었다. 그 식당에서 밥을 먹고 나오면 내가 그의 무언가를 훔쳐 온 듯 뒤가 근질거렸다.

그래서 어느 날 "이렇게 해도 남느냐?"고 물었다. 그는 "많이는 아니지만 물론 남는다."고 했다. 나는 왜 이렇게 적게 남는 장사를 하느냐고 물었다.

그랬더니 자신의 사연을 털어놨다. 직장에 다니던 시절 모처럼 아이들을 데리고 식당에 가서 고기를 시키면 양이 너무 적어 아이들 먹이고 나면 자신과 아내는 뼈에 붙은 고기만 뜯어야 했다면서 자신이 식당을 차리면 이렇게 하지 않겠다고 마음먹었다고 했다.

지금은 그때의 다짐을 실천하고 있다면서 적게 남아도 손님이 많이 오셔서 두 아이를 유학까지 보냈다고 했다.

　손님들이 처음에는 호기심으로 몇 인분씩 더 드셔서 손해를 보지만 몇 번 오시면 적당량만 드시고 또 다른 손님을 모셔 오니까 결과적으로 그렇게 손해만 보는 것은 아니라는 얘기도 들려주었다. 그는 참 지혜로운 사람이었다.

　몇 년이 지나 IMF가 왔다. 주위의 식당들이 텅텅 비기 시작했다. 그런데 그의 식당만은 손님으로 넘쳐났다. 그러자 건물주인이 장소가 좋아서 그런가 하고는 가겟세를 올려달라고 했다.

　그는 더 좁고 후미진 곳으로 식당을 옮겨야 했다. 그런데 그의 식당은 여전히 손님이 끊이지 않았고, 주인이 바뀐 그의 옛 식당엔 멋있게 인테리어를 했지만 손님이 없었다.

　내가 그의 식당에 자주 가는 이유는 음식 맛도 맛이지만 그가 손님들에게 보이는 열성과 친절, 그리고 그의 진실함이 좋아서다. 그의 손에는 언제나 행주가 들려 있다. 몇 년째 낯익은 종업원들이 성실하게 일하고 있지만 그는 한눈을 팔지 않는다.

　식당에 들어서면 그는 언제나 환한 미소를 보낸다. 벗어놓은 신발을 정리한 후 무얼 주문하는지 눈여겨보고 뭔가 부족하다 싶으면 어느새 가져다준다. 나올 때도 그 가식 없는 따뜻한 웃음으로 배웅을 한다. 언젠가 그가 한 말이 생각난다.

"미소만 잘 지어도 먹고 살 일은 걱정 없습니다. 웃지 않고 사는 사람들을 보면 참 안타까워요."

내가 일하는 서초동에는 그의 식당이 있고 그가 있고 그의 미소가 있다. 그래서 나는 서울 한복판에서도 외롭지 않다. 일류 대학을 나왔다는 그 어떤 수재들도 계산해내지 못하는 비밀을 그는 가슴으로 풀어내고 있었다.

*"이 불멸의 새는
남녘 바다에서 날아올라 저 북녘 바다로 날아가는데
신성한 나무 위가 아니면 내려앉지 않고
가장 고결하고 귀한 열매가 아니면 입 대지 않으며
오로지 가장 순수한 샘에서만 물 마신다."*

장자의 말이지만 우리 주위에도 이렇게 사는 사람들이 의외로 많다. 그런데도 우리는 높은 자리라면, 이득 되는 일이라면 세속의 먼지를 뒤집어쓰고 달려가는 사람들만 보고 산다. 그들이 이 세상 다 차지할까 봐 우리도 이득 되는 일이라면 어디든 끼어들고 무엇에든 손을 댄다.

이 직장이 좋을까 저 자리가 좋을까, 어디 돈 되는 곳은 없을까 왔다 갔다 하는 하루살이가 된다. 그러나 아무리 높은 자리여도 아무리 이득이 커도 가치 있는 귀한 일이 아니면 삼가는 사람도 많다.

그래서 그들은 신성한 나무에만 내려앉고 고결한 열매만 맛보며 순수한 샘물만 마시는 축복 속에서 흔들림 없이 먼 북녘 바다까지 날아가는 것이다. 진리의 바다로 날아가는 불사조가 되는 것이다.

## 산소를 만드는 여인

내가 이 박사를 만난 것은 뉴욕의 할렘에서였다. 한국인들이 보통 피한다는 할렘에서 사는 것도 신기했지만 그곳에서 공연장과 갤러리를 운영한다는 말에 나는 무작정 그녀를 만나기로 했다.

학교 건물을 사서 그녀가 손수 리모델링했다는 아파트 1층에 극장 간판이 조그맣게 붙어 있었다. 맨 위층 엘리베이터 문이 열리자 바로 넓은 홀이었고 은발의 우아한 여인이 환하게 웃으며 팔 벌려 맞아주었다. 홀에는 그랜드 피아노와 커다란 한국의 북이 묘한 조화를 이루고 있었다.

서양 사람처럼 보이는 그녀와 편안한 대화가 가능할지 걱정이 되었다. 그런데 의외로 그녀는 미국에 막 와서 겪었던 일부터 자신이 살아온 날들을 아주 솔직히 털어놓았다.

그녀는 세계 최고의 암연구소로 알려진 슬로안 케터링 암센터에서 일했는데, 세계 최초로 에이즈의 존재를 알아내 미국 정부에 보고하자 그것을 마치 정부 연구기관에서 발견한 양 발표해버리는 걸 보며 조금씩 과학계 밖의 세계에 눈을 뜨기 시작했다. 노벨상 후보에 오를 만큼 업적을 쌓고 수백 명의 연구원을 이끌던 그의 보스가 연구소의 재정을 지원하는 기업에서 갑자기 해고를 결정하자, 하루아침에 직장을 잃고 축 처진 어깨로 생계를 걱정하는 걸 보며 남들이 알아주는 과학지식이나 직위도 허망한 것이라는 생각을 하게 되었다.

정부 정책이나 기업의 필요에 따라 과학지식이 과장되거나 오용되기도 하고 진실이 뒤집어져 버리는 경우도 종종 목격하게 되었다.

더구나 그녀가 인체를 연구하면 할수록 과학이 발달했다는 오늘날에도 생명의 근간인 세포에 관해서조차 인간은 그 얼개만 알 뿐 그 어마어마한 기능이나 내용에 관해서는 걸음마 단계라는 것을 알게 되면서, 앞으로 그 보잘것없는 지식으로 더 큰

오류에 빠져들 수 있다는 것도 생생히 느끼게 되었다.

그녀는 결국 과학계를 떠났다. 유명 대학 생명과학 박사학위를 받고 세계 최고의 암연구소에서 일하면서 지식과 이론으로 사는 삶이 얼마나 헛된 것인지를 깨달은 것만으로도 그동안 공부했던 것이 아깝지 않았단다. 도리어 세상에 실제적인 일을 해야겠다고 마음을 먹게 되는 큰 소득을 얻었다는 것이다.

그녀의 이야기를 들으면서 나도 내가 공부해온 법학을 생각해보았다. 수천 년간 정의 실현을 외쳐온 법학이 과연 정의로운 세상을 만들었는가? 법학이 눈부시게 발전한 오늘날 세상에 불의는 넘쳐도 정의는 실현되지 않고 있다.

민주국가에서 민주가 사라지고, 노동자의 천국에서 노동자가 억압받고, 종교의 이름으로 아집이 넘쳐나는 이 이론과 실제의 부조화는 어디서 온 것인가?

잠시 이런 생각을 하는 사이 그녀가 자신의 꿈을 이야기했다. 오존층이 파괴되고 지구가 더워지는 것은 환경이 파괴되어 산소가 부족하기 때문에 생기는 문제이고 그것은 인간의 생명과 직결되는 일이다.

그런데도 세상에는 환경을 파괴하는 사람들이 너무나 많다. 하지만 필요에 의해 나무도 베어져야 하고, 생계를 위해 환경을 파괴할 수밖에 없는 사람들도 많다. 그러므로 '환경보호'를 외치며 누군가를 비난만 하는 것은 아무 소용이 없다.

누군가 열 그루의 나무를 베면 누군가 열한 그루의 나무를 심으면 되는 것이다. 그녀는 나무를 심기로 마음먹었다. 좋은 목표를 세웠더니 큰돈도 모아졌다. 그녀는 전 재산을 털어 아직 땅값이 비싸지 않은 니카라과에 서울시만 한 땅을 사서 나무를 심기 시작했다. 지구에 산소 10리터가 없어지면 누군가 11리터의 산소를 만들어내면 된다는 신념으로….

그녀의 방에는 식물에 관한 책이며 생명과학에 관한 논문이며 최근의 잡지며 성경까지 갖가지 책이 가득 쌓여 있었다. 누구를 비난하는 것만으로 정의를 세운 양하고, 자신이 공부한 분야도 제대로 모르면서 세상을 다 아는 것처럼 떠들어대는 외눈박이 사람들과 너무도 달랐다.

모든 것을 팔아 마련한 그 땅에 나무를 심은 후 니카라과 정부에 그 땅을 기증하면 자신이 죽더라도 세상의 누군가에게 그 산소는 계속 공급되지 않겠냐는 것이었다.

요즘 우리 사회가 환경운동, 인권운동은 물론 노동운동, 민주운동, 교육까지도 모두 비난과 고발 일색이어서 가슴이 답답했는데 그녀가 그런 내 가슴을 시원하게 어루만져주는 듯했다.

그녀는 지구에 산소를 무한정 공급하는 적극적인 환경운동을 시작한 것이다. 그것은 입만으로 하는 고발, 비난 운동에 비해 훨씬 어려운 일이다. 넓은 땅을 구해야 하고 나무를 심어야 하고 수십 년간 끊임없이 돌봐줘야 할뿐더러 자신이 죽은 후에도 잘 관리될 수 있도록 계획해야 하는 인간의 한계 밖의 일에 도전한 것이다.

그러나 나는 그것이 가능함을 안다. 신은 인간에게 유한한 생명을 주었지만 신이 가진 영원성도 함께 주었기 때문이다. 그녀가 심은 여러 종류의 묘목은 지금 니카라과에서 싹을 틔우고 있고 수십 년이 지나면 큰 나무로 자라있을 것이다. 그리고 거기서 나오는 산소가 분명 내 아이들의 생명을 살릴 것이다.

우리의 작은 눈으로 보면 그녀가 생명과학계를 떠난 것 같지만 우주는 그녀가 진정한 생명과학자임을 확인해줄 것이다. 환갑을 넘긴 그녀에게서 잠시도 떠나지 않는 미소와 사랑, 열정을 보며 앞으로 나도 더 아름다운 꿈을 실현할 수 있겠다는 희망을 갖는다. 그녀와 함께한 시간이 행복했다.

## 빈익빈 부익부

　어릴 적 우리 마을에는 부자가 있었다. 그 부자는 땅을 100여 마지기나 갖고 있었는데, 그 부부는 늘 논밭에 나와 땀을 뻘뻘 흘리며 일을 했다.
　그래서 나는 부자가 되려면 열심히 일을 해야 하는가 보다 했는데 마을 사람들은 그 부인의 은밀한 곳에 점이 있어서 큰 부자가 된 거라고 수군거렸다. 마을 사람들의 그 말이 하도 그럴 듯해 나도 부자로 살 수 있을지 궁금해져 그곳을 살펴봤다.
　신기하게 내게도 점이 있어 나도 부자가 될 수 있겠다는 생각에 기쁘기도 했고, 그 말이 틀리면 어쩌나 걱정이 되기도 했다.

가난하고 배고픈 시절이었는데도 그 당시 우리 마을에는 노름하는 어른들이 참 많았다. 아버지를 따라 노름판에 가보면 어른들이 촛불을 밝힌 채 밤새 노름을 하면서 술을 마셨다. 담배 연기 자욱한 그 어두침침한 방…. 지저분한 옷매무새에 텁텁한 얼굴이었지만 화투 만지는 솜씨만은 무척 세련되어 그분들이 무슨 '도술'을 부리는 것처럼 보였다.

화투 셈을 할 때 보면 어찌나 계산이 빠른지 '어떻게 저렇게 머리가 좋을까?' 감탄하다가 '저분들과 공부한다면 나는 꼴찌겠구나!' 하는 생각도 들고, 돈을 베팅하는 배짱이 얼마나 큰지 '나는 쩨쩨한 사람인가 봐!' 주눅도 들었다.

간간이 그분들은 그 마을 부자를 화제로 올렸는데 그를 '술 한잔할 줄 모르는 얼간이'로, '돈만 아는 꼼생이'로 비웃었다.

그 부자의 집에 가보면 농기구며 안살림 이런 것들이 가지런히 정리되어 있었다. 마을 사람들은 노름을 하다 빚을 지면 헐값에 그에게 논밭을 팔았고 그래서 그의 전답은 늘어만 갔다.

반면 노름꾼들의 집에 가보면 그들은 대낮인데도 대개 잠을 자고 있었고 방은 들어가기도 겁날 만큼 지저분했다. 꾀죄죄한 아이들은 아버지 말도 잘 듣지 않고 대들기도 해 집안에서 고함소리도 자주 들렸다.

그런 불순의 그림자가 그들의 집을 송두리째 덮고있어도 노름꾼들은 아무렇지 않은 듯했다. 그들은 오히려 자신들과 어울려 지내지 않는 사람들을 세상맛을 모르는 사람들로 치부했다.

지방의 대도시 고등학교에 가게 되었다. 먼 친척댁 문간방을 빌어 자취를 했는데 골목 어귀에 그 도시 최고의 부잣집이 있었다. 높은 담장을 끼고 도는 긴 골목을 걸으며 저 집에는 어떤 사람들이 살까? 저 사람들은 무슨 일을 할까? 저 사람들은 무얼 먹고 어떤 옷을 입을까? 궁금했다.

그 후 서울에 올라와 갈 곳이 없었던 나는 독서실 바닥에 신문지를 깔고 잠을 청하곤 했는데, 어느 날 어둠이 깔리던 시각 한강 변에 갔다가 아파트 창문 여기저기서 불이 켜지는 광경을 보게 되었다.

그 아파트에서는 가족들이 둘러앉아 다정하게 식사를 하고 있을 것이었다. 다소곳이 앉아 책을 읽고 있는 여학생도, 다정하게 아버지와 이야기를 나누고 있는 청년도 보이는 듯했다. 그들이 몹시 부러웠지만 내게는 모두 이국 사람들처럼 낯설었다. 서울의 그 수많은 아파트 중에 내가 들어갈 곳은 없었다.

그때 사회과학 서적을 봤는데 내가 못사는 것은 '빈익빈 부익부' 현상 때문이라고 했다. 생각해보니 우리 마을만 보더라도 그 부자는 더욱 부자가 되고 가난한 사람은 더욱 가난해지는 것 같았다. 어느 시사잡지를 읽었더니 재벌은 재벌이나 권력층과 결혼한다는 사실을 인척 관계도표로 만들어 증명해주었다. 재벌 아들은 재벌 딸과 결혼하여 또 다른 재벌 가문으로 탄생되고 있었다. 주위의 가난한 친구들은 가난한 집 딸과 결혼하여 궁색하게 살고 있었다.

그때 내 고향 사람들은 너무나 가난했다. 고향에서는 괜찮은 집에서 살던 사람들도 서울에서는 반지하 단칸방에 세 들어 사는 사람이 많았다. 고향 사람들이 월세방을 벗어날 길은 없는 것인가?

'빈익빈 부익부'의 이론에 의하면 배우지도 가지지도 못한 그들이 가난의 굴레를 벗어나는 것은 어려워 보였다. 그렇다면 사람들은 '빈익빈 부익부'에서 벗어날 수 없다는 말인가?

대학 시절 내 머리를 온통 채운 것은 '빈익빈 부익부'였다. 가난한 사람은 더욱 가난할 수밖에 없는 사회구조라면 나라도 그걸 바꾸지 않으면 안 될 것 같았다.

나는 책을 읽으며 사회구조를 바꿀 방법을 찾는 데 몰두했다. 어디서부터 손을 대야 할지 막막해하다가 사회구조를 바꾸려면 힘이 있어야 한다는 사회과학 서적들의 이론에 동의할 수밖에 없었다.

그렇게 대학 4년 동안 열심히 고민했지만 결국 힘이 없는 나는 아무것도 할 수 없는 '초라한 존재'라는 것만 확인한 셈이다. 결국 힘을 길러 '힘 있는 사람'이 되어야만 뭔가를 할 수 있다는 생각에 사로잡히게 되었다.

대학을 졸업하던 해 우연히 광주에 갔다가 광주사태<sub>당시엔 그렇게 불렀다</sub>를 목격하게 되었다. 시민들은 군인들을 향해 버스를 돌진시키고 군인들은 시민들을 향해 최루탄과 총기를 난사하고…. 내가 무언가 해야 할 것 같았지만 나의 '초라한 모습'만 다시 내 눈에 들어왔다.

그러나 그때 나만 초라한 것은 아니었다. 불의에 맞서 분노하는 시민들이나 아무것도 모른 채 명령대로 움직이는 청춘의 군인들이나 정권을 잡기 위해 몸부림치는 전두환이나 모두 불쌍하기는 마찬가지였다.

그 모습들을 보며 눈물이 철철 흘러내렸다. 나는 군인이건 시민이건 피해를 입어서는 안 된다고 생각했다. 시민과 군인들이 접전을 벌이지 않도록 둘 사이를 갈라놓아야겠다고 마음을 먹었더니 용기가 생겼다.

나는 시민들이 군인들 있는 곳과 반대 방향으로 모여들도록 마이크를 들고 "전두환 물러가라."를 외쳤다. 시민들은 조금씩 모여들었다. 군인들을 향해 돌진하려던 버스를 멈추게 한 후 버스에 마이크를 장착하고 본격적으로 시위를 주도해나갔다.

당시 나는 학생회 간부도 아니었고 무슨 조직의 일원도 아니었다. 그런데 시간이 지나자 그 수많은 시민들이 나의 외침에 따라 움직이는 것이었다.

군인들과 대치하던 도청을 벗어나 광주천변에 갔을 때는 수만 명의 군중이 따라오고 있었다. 그렇게 살벌하던 도청 앞의 접전이 사라져 군인들은 갑자기 할 일이 없어졌을 것이다.

참 신기한 일이었다. 도청에서 광주천변, 무등경기장을 지나 광주역까지 가는 10여 리 길은 그야말로 그동안 부르지 못했던 자유를 맘껏 노래하던 평화 대행진이었다. 군인들은 물론 그 누구도 우리를 막지 않았다.

새벽이 밝아올 무렵 사람들은 뿔뿔이 흩어져 집으로 돌아갔고 나도 버스에서 내렸다. 아침 해가 찬연히 떠오르고 있었다. 밤새 단 한 사람도 죽지 않았을 것이었다. 그 아침 해를 보며 나는 '힘없는 내'가 '힘 있는 전두환'과는 비교도 할 수 없이 큰일을 해냈다는 것을 분명히 느낄 수 있었다.

그것은 사회과학 서적에서는 맛볼 수 없었던 전혀 새로운 경험이었다. '머릿속 이론'이 얼마나 허망한 것인지, '가슴속 사랑'이 얼마나 큰 힘을 발휘하는지 여실히 증명해주는 사건이었다.

나는 그때부터 힘이나 부富를 얼마나 가졌느냐보다 가슴속에 얼마만큼의 사랑이 있느냐가 더 중요하다는 걸 확신하게 되었다. '빈익빈 부익부'라는 말도 힘과 부를 우상처럼 섬기는 사람들이 부르짖는 구호라는 것도 알게 되었다. 그 후부터 나는 대통령도 재벌도 부럽지 않았다.

고향 사람들이 '권력'이니 '부'니 '자리'가 어느 지역으로 편중되었느니, 누구에게 몰렸느니 해도 그것이 사람들에게 그렇게 중요한 것이 아니라는 것을 알기에 화가 난다거나 의분에 휩싸이지도 않게 되었다.

어떤 사람들은 이런 나를 현실을 무시하고 사는 사람이라고 비난도 하지만 내가 말하는 '현실'은 그런 것에 대한 관심이 아니라 '사람들에 대한 사랑'이다. 나는 사랑이 많은 사람을 보면 감동이 되고 사랑이 없는 사람을 보면 화가 난다. 바로 이것이 나에게는 너무나 '현실'이다.

대학을 졸업하고 10여 년이 흐른 어느 날, 고향 사람들이 향우회를 한다며 나를 불렀다.

　예상 밖의 번듯한 호텔이었다. 공사판에서 노동일부터 시작했다가 큰 건설회사를 경영하는 사람도 있었고, 점원으로 시작해 강남에 큰 빌딩을 가진 이도 있었다. 서울에 막 올라왔을 때 봤던 가난한 그들이 아니었다.

　향우회장은 이런 인사말을 했다. "학벌이 좋은 것도, 물려받은 재산이 있는 것도 아니지만 우리는 서울에 빈손으로 와서 이렇게 많은 것을 이룩했습니다. 우리에게 딸린 가족을 우리보다 더 낫게 살게 해야겠다는 사랑이 있었기 때문일 것입니다."

　나는 한 분 한 분을 둘러봤다. 과거에 비하면 말할 수 없이 큰 부자가 되었지만 여전히 그분들은 세련되지 못한 시골스런 모습을 하고 있었다. 그러나 그분들의 눈빛에서는 무언가 열심히 하면 된다는 자부심, 사람에 대한 따스함이 흘러나오고 있었다.

　집으로 돌아오면서 나는 그분들이 '빈익빈 부익부'의 이론을 진리처럼 받아들이고 체념했다면 오늘의 그들이 있을까 생각해보았다.

　어쩌면 가난한 이를 대변해준다는 그 말이 가난한 이들을 더욱 체념하게 만들어 '가난의 굴레'에서 벗어나지 못하게 할 수도 있겠다는 생각이 들었다. 나도 그 이론을 신봉하고 살았다면 아직도 '초라한 나'만 탓하고 있을 것이다.

어릴 적 우리 마을 부자는 왜 그렇게 열심히 일을 했을까? 노름꾼들은 그 부자가 돈만 안다고 비난했지만 사실은 자신들이 돈을 더 좇고 있다는 생각을 한 번이라도 했을까?

그들은 노동이 노름보다 더 즐겁다는 것을 경험해본 적도 없었을 것이다. 그들의 아이들은 '빈익빈 부익부' 때문에 아버지가 물려준 가난의 굴레를 벗어나기 어렵다는 생각으로 살고 있을지도 모른다. 정작 그들이 아버지로부터 물려받은 것은 가난의 굴레가 아니라 아버지의 '빈약한 정신'의 굴레였는데도….

요즘도 많은 사람들이 '경제적' 빈부격차를 걱정한다. 그러나 '정신적' 빈부격차나 '사랑'의 빈부격차를 걱정하는 사람들은 차츰 줄어간다. 왜 그럴까?

그것은 보이는 것만을 보려는 우리의 좁은 안목 때문이다. '보이지 않는 것'을 보게 되면 '보이는 것'쯤이야 쉽게 얻어지는데도 우리는 굳이 '보이는 것'만을 보며 세상을 단정해버린다.

아내에게 자녀들에게 이웃에게 기쁨을 주고 사랑을 주는데 누가 그를 천하게 여기고 천하게 대우하겠는가?

정신이 건강할수록 사랑이 많을수록 남에게 더욱 베풀게 되고 그렇게 되면 남에게 인정받게 되어 결국 먹고사는 문제도 당연히 해결되는 것이 아닌가.

  찢어지게 가난했던 고향 사람들이 오늘도 여기저기서 성공을 거두고 있다는 소식을 들으면 나는 사람의 정신이, 사람들에 대한 사랑이 우리 삶에서 얼마나 소중한 것인지를 새삼 깨닫는다.

# 만화책과 빈 주전자

교육, 지혜의 빛

## 만화책과 빈 주전자

　초등학교 시절, 학교에서 돌아오면 나는 늘 신작로에 나가 아버지를 기다렸다. 의료사고를 내고 새로운 정착지를 찾아 떠난 아버지는 몇 달이 되도록 돌아오지 않으셨다.

　그날도 아버지를 기다리는데 도회풍의 친구가 신작로를 따라 마을로 들어섰다. 며칠 전 이사 온 상점 집 아이였다. 멋진 옷매무새와 깔끔한 얼굴을 한 그는 시골에서는 좀처럼 보지 못했던 농구공을 튕기며 놀았다.

　다음날 학교에 가보니 그는 우리 반이었다. 용모 좋고 말솜씨 좋은 그는 친구들에게 단박 인기를 끌었다.

당시 시골엔 만화가 무척 귀했는데 어느 날 그가 나에게 밤을 새워도 다 못 읽을 만큼 많은 만화책을 한 아름 빌려다 주었다. 도회지 아이라서 베푸는 것도 다르구나 생각하며 그가 그렇게 커 보일 수가 없었다.

나는 만화를 쌓아놓고 한 권 한 권 읽어 내려갔다. 내가 가보지 못한 세상, 내가 가고 싶은 세상이 거기에 있었다.

밤이 이슥할 무렵, 꿈에도 그리던 아버지의 목소리가 들리는 것이었다. "학이야~" 그 나직하고 다정한 목소리….

나는 활짝 방문을 열었다. 하얀 와이셔츠에 넥타이를 맨 아버지가 달 밝은 마당에 서 계셨다. 아버지가 성큼 방안으로 들어서며 "학이야, 잘 있었지?" 하셨다.

나는 아버지를 껴안고 싶었으나 쑥스러워 "아버지, 막걸리 사 올까요?" 했다. 아버지는 "그래, 목이 마르다. 한잔 사 와라." 하셨다.

나는 주전자를 들고 집을 나섰다. 늦은 시간이지만 상점 집에 가서 큰 소리로 부르면 그 친구의 어머니가 나올 것이었다. 달리는 내 걸음걸이에는 희망이 실려있었다. 어쩌면 아버지와 함께 살 수 있게 될 거라는….

상점 앞에 서서 큰 소리로 아주머니를 불렀다. 한 번, 두 번,

세 번… 대답이 없다. 희미하게나마 상점에 불을 켜두었는데 그 날은 이상하게도 캄캄했다.

"철수야~ 철수야~ 철수야~" 아무런 기척이 없다.

버스정류장에서 십여 리를 걸어오신 아버지의 목마름을 채워 드리고 싶은데…. 집 뒤안으로 돌아가면 더 잘 들릴 거라는 생각이 들었다. 한 발짝, 두 발짝….

아, 그런데 뒷문으로 환한 불빛이 새어 나왔다. 문가로 다가가 방안을 들여다보았다. 그때 나는 깜짝 놀라고 말았다.

친구는 그 시간까지 공부를 하고 있었다. 그의 어머니는 친구 곁에 앉아 과일을 깎고 있었다. 앞문에는 불이 새 나가지 않도록 이불이 걸려있었다. 내일은 학교 시험일이지 않은가? 나는 더 이상 아주머니나 철수를 부를 수 없었다.

당시 나는 늘 1등이었고 그 친구는 2등이었다. 가끔 그의 부모님이 내게 어떻게 공부하냐고 물으면 나는 어떻게 대답할지 몰라 그저 우물쭈물하고 말았었다.

사람들이란 내가 정말 이해할 수 없는 일을 한다는 사실을 나는 그날 처음 알게 되었다. 씁쓸한 마음으로 빈 주전자를 들고 돌아오던 그 달 밝은 밤….

그 시험에서도 내가 1등을 하고 그는 또 2등이 되었다. 그 후

로도 그는 이해할 수 없는 이런 일들을 자주 하면서도 거리낌이 없었다.

몇 달 후 나는 아버지가 겨우 자리를 마련한 곳으로 이사를 했다. 간간이 들려오는 뒷소식은 중학생 때도, 고등학생 때도 그는 여전히 인기 있었지만 대학에는 못 갔다는 것이었다. 그의 부진한 인생살이가 다 사필귀정이라며 나는 정의가 살아있음을 기뻐했다.

그러나 요사이 들어서 차츰 부끄러워진다. 그때 누가 1등을 하건 2등을 하건 그게 진정 중요한 것이 아니었는데….

어린 시절부터 남보다 앞서야 한다는 말만 듣고 살아온 우리들이 선택할 수 있는 것은 1등 자리를 놓치지 않는 것, 어떤 수를 써서라도 1등 한번 해보는 것이었다.

나도 남이 바라는 것을 해주는 사람이라야 제대로 된 사람이라는, 공부 잘해도 남을 기쁘게 해주는 데 쓰지 못하면 소용없다는 그런 생각의 틀을 배우지 못하고 자랐다. 어릴 때부터 내가 그런 생각을 가졌더라면 1등 자리 한 번쯤 양보하는 그런 큰 아이로 자랐을지 모른다.

그리고 이 세상에는 1등 한 번 하는 것과는 비교할 수 없는 훨씬 더 소중한 것이 많다는 것을 알았더라면 그 친구도, 그의 어머니도 그런 좁은 길을 가지는 않았을 것이다.

  그러나 나는 그런 귀중한 것들은 보지 못하고 내가 차지해야 할 것은 놓치지 않는 그런 옹졸함으로 오히려 나를 더욱 작게 만들면서도 마치 내가 대단히 정의로운 사람인 양 남의 잘못만 보고 살아왔다.

  이제부터라도 정의의 칼날보다는 사랑의 연약함으로 살아갈 수 있기를 기도한다.

## 물지게 지고 오던 밤

"재벌 집안에 아들과 아버지가 있는 줄 알아? 보통 집안과는 전혀 달라!"

형제간의 재산 문제를 아버지와 허심탄회하게 상의해보라는 내 권유에 그 재벌 아들은 그렇게 말했다. 엄격한 아버지에 대한 불만과 아버지보다 신세대라는 우월감이 섞여 그는 늘 아버지를 무시했지만 그럴 때마다 나는 그가 아버지에 대한 애정을 그렇게 에둘러 표현하는 줄 알았다. 그런데 그 말을 듣고부터는 생각이 달라졌다.

우람한 어깨에 큰 키의 미남인데다 목소리 또한 우렁차 무엇

하나 부족함이 없어 보였지만 그를 만나고 나면 무언가 허전했다. 아는 척 대범한 척하지만, 제대로 알지도 대범하지도 않았기 때문이다.

한번은 그와 점심을 먹으러 가는데 회사 임원들이 엘리베이터 앞에서 인사를 했다. 그들이 사라지자 그는 저렇게 굽실대기만 하는 놈들이 회사에 꽉 차 있다, 저놈들 보는 것이 지긋지긋하다며 빨리 밖으로 나가자는 것이었다.

누군가로부터 반가운 인사를 받으면 보통 행복해지는데, 그의 경우는 다를 수도 있겠구나 하는 생각이 들었다. 어릴 때부터 진심을 알 수 없는 인사, 겉치레 겸손을 수없이 보며 자라온 재벌 회장 아들 자리가 안쓰럽게 느껴졌다.

어린 시절 나는 부잣집을 동경했다. 영화를 보면 잔디가 깔린 널따란 정원에서 아빠가 사다 준 멋진 자전거를 타고 있는 아들을 아름다운 엄마가 밀어주는 장면이 많았다.

생일이나 크리스마스 때면 선물 보따리를 한 아름 들고 나타나는 아빠, 아들의 손을 잡고 다정히 마중하는 엄마…. 나도 그런 선물을 받아봤으면 하고 부러워했지만 내 아버지는 한 번도 그런 선물을 해주지 않으셨다.

하지만 아버지는 늘 나와 함께 있어 주었다. 나와 바둑, 장기를 두었으며 어려운 산수문제도 같이 풀었고 가끔은 돈을 걸고 화투도 쳤다.

한약방을 하는 아버지가 저울을 들고 한약을 지으면 나는 작두로 약재를 썰었고, 내가 숙제를 하고 있으면 아버지는 연필을 깎아주었다. 늦은 밤까지 내가 공부를 할 때면 아버지도 내 옆에서 한의학 서적을 펴놓고 약방문을 썼다.

심심할 때면 나는 아버지를 놀려먹었고 아버지는 나를 상대로 힘겨루기도 했다. 학교에서 돌아오면 한약방에 앉아계시는 아버지를 확인한 후에야 밥을 먹었고 아버지는 그날 학교에서 있었던 일을 시시콜콜 물으셨다.

나는 시험성적은 물론 어떤 문제를 어떻게 틀렸는지 다 말했다. 학교에서 1등이라도 해오는 날이면 아버지는 흥분했고 반대로 내가 시험에서 실수라도 하는 날이면 아버지도 침울했다. 한약방에 손님이 많이 오셔서 아버지 서랍에 돈이 모이는 날이면 내 주머니가 든든한 듯 기뻤다.

아버지에게 기쁜 일이 있으면 나도 기뻤고 안타까운 일이 있으면 나도 안타까웠다. 뭔가 잘못이 있으면 아버지는 나를 크게 꾸짖었고 나 또한 아버지께 불만을 털어놓았다. 그렇게 나와 아버지는 하나였다.

그런데 그 재벌의 아들에게는 그토록 열심히 살아온 아버지가 그렇게 별 볼 일 없는 존재라니…. 나는 그 재벌 아들과 비교할 수 없이 행복한 사람이었다.

20년이 흘렀다. 그 재벌은 아들에게 모든 재산을 물려주었고 아들이 회장이 되었다. 뉴스를 통해 아들의 소식이 들려왔다. 무리해서 사업을 벌이다 수사를 받거나 불미스런 일로 구설수에 오르는 그를 보며 인생에서 무얼 가치 있게 여겨야 하는지 새삼 느끼게 된다.

나도 아버지처럼 내 아들에게 생일이건 크리스마스건 선물을 주지 않지만 아들과 장난도 치면서 뭔가 함께해나가고 싶다. 그러나 나는 내 아버지에 비해 턱없이 부족하다. 아들의 기쁨과 슬픔을 내 아버지처럼 함께하지 못하고 있기 때문이다.

어린 시절 가뭄이 들었다. 몇 년 동안 비가 오지 않아 논이 쩍쩍 갈라졌다. 농사는 물론 먹을 물도 없는 그때 사람들은 하늘만 쳐다봤다.

내가 살던 섬마을에는 몇 달만 비가 안 와도 물이 말랐는데 2년이나 계속 가뭄이 드니 식수는 완전히 고갈되고 말았다. 여유 있는 집은 저수조를 만들어 물을 저장해두거나 물이 나오는 섬을 찾아 배로 물을 실어왔지만 단칸셋방을 살던 우리 집엔 물동이가 고작이었다.

중학생이었던 나는 물 긷는 사람들이 적은 한밤중 십여 리 떨어진 저수지에 가서 물을 길어 와야 했다. 칠흑 같은 어둠 속 논두렁길을 양옆에 물동이가 달린 물지게를 지고 몇 발자국 걷다가 쉬고 몇 발자국 걷다가 쉬곤 했다. 그래도 아버지와 함께 가는 날이면 그 고된 일이 하나도 힘들지 않았다.

내가 힘들어하면 아버지가 물지게를 지고, 아버지가 힘들어하면 내가 물지게를 지고 걷던 그 힘든 길이 요즘에는 왜 그렇게 낭만스러운 길로 다가오는지….

아버지는 자신이 힘겹게 살아온 일이며 어린 시절의 꿈도 들려주었다. 나는 아버지의 이야기를 들으며 수십 년이나 흘러버린 옛날로 돌아갔고 할아버지와 할머니도 만나고 아버지의 할아버지와 할머니도 만날 수 있었다. 밀항을 해서라도 일본으로 가 막노동이라도 하며 공부하고 싶었다는 아버지의 아픈 가슴도 느낄 수 있었다.

집에 와 항아리에 물을 부으면 우리는 부자가 된 듯했다. 한 그릇 물로 세수를 하고, 그 물을 아껴두었다가 발도 씻고 걸레도 빨고 집 안도 깨끗이 청소하고…. 그렇게 그 물은 며칠간 우리 가족 모두를 풍족하게 해주었다.

나는 그때 절약을 배우고 물건 쓰는 법을 배웠는지도 모른다. 그래서 도회지에 나와 돈이 떨어져도 걱정이 되지 않았다. 절약하면 되고 하나를 여러 용도로 쓰면 된다는 배짱 때문이다.

때가 되자 그렇게 가물던 섬에도 비가 내렸다. 온 세상에 흠뻑 쏟아져 내리는 비를 보고서도 아버지는 "학이야, 대야에 빗물 받아라." 하고 외치셨다. 그렇게 쏟아지면 어디서건 물을 구할 수 있는데도….

불과 몇 달 전만 해도 어깨를 쭉 펴고 웃고 떠들면서 당당히 걸어가던 신사들의 발걸음이 요즘에는 사라졌다. 투자회사를 한다며 자랑스럽게 명함을 내밀던 투자가에게서도, 무슨 무슨 프로젝트를 한다며 악수에 힘을 주던 사업가에게서도 심각한 얼굴, 비틀거리는 걸음걸이만 보일 뿐이다.

세계적 불황 탓인지 어디를 가도 움츠러든 어깨뿐이다. 세계적 불황이 언제 끝날지 모른다고 모두 떠들지만 나는 알고 있다. 어린 시절 가뭄 뒤 쏟아졌던 그 비처럼 불황도 끝나고 말 거라는 것을….

불황이 끝나면 사람들은 또 바빠질 것이다. 더 많은 것을 갖기 위해 더 많이 채우기 위해…. 그래서 요즘처럼 불황으로 시간이 날 때 아들 한 번 더 만나 대화하고 딸 한 번 더 안아주는 시간을 보내는 사람들이 늘어났으면 한다.

　사람들은 모두 세계적 불황으로 추운 겨울이 다가왔다고 말하지만 지금이야말로 우리 모두에게 더 소중한 것을 나눌 수 있는 절호의 기회가 찾아왔다는 것을 기뻐해야 할 것이다. 이 기쁨을 가족과 함께 동요라도 부르며 조용히 음미해보자.

## 이틀 치 주먹밥

　대학입시에 실패한 딸이 잠자리를 뒤척이고 있음이 분명했다. 한숨으로 얼룩진 얼굴, 성적이 뒤졌던 친구들의 합격 소식을 들을 때의 그 어리둥절해하는 표정….

　딸은 어려서부터 그 어떤 숙제도 열심히 해갔다. 늦은 밤까지 학교에 남아 자습도 하고, 교과서든 참고서든 구석구석 공부를 해 성적도 좋았다.

　딸은 이렇게 무슨 일에건 성실했다. 나는 '어떻게 저렇게 열심히 할 수 있을까?' 늘 감탄했다. 딸이지만 어느 때는 존경심도 생겼다.

그래서 딸의 대입 실패는 나로서도 당혹스런 일이었다. 또 한 해를 보내도 보장 없는 내일이, 그 불안이 온 집안을 짓누르고 있었다.

어느 날 출근길, 배웅하던 딸의 얼굴에서 힘겹던 젊은 시절의 나를 발견하고 깜짝 놀랐다. 단 한 번도 내 마음대로 되어본 적이 없던 그 시절, 무수한 실패로 허공만 바라보던 그 멍한 표정, 초점 잃은 눈, 닫힌 가슴….

딸의 얼굴에는 분명 내 아픈 과거의 흔적이 있었다. 나보다 더 좋은 환경에서, 나보다 더 열심히 공부했던 딸에게서 그 절망스럽던 내 모습을 보다니…. 숨 가쁘게 달렸지만 제자리로 돌아온 그런 느낌이었다.

사무실에 와서도 딸의 그 표정이 나를 따라다녔다. '아! 내 딸이 아픔을 겪고 있구나.' 가슴이 답답했다.

그러다 한순간 내가 겪었던 그 아픔을 딸이 똑같이 겪고 있다는 것이 기쁨으로 퍼져왔다. 대학에 무난히 들어갔다면 아무리 설명해도 내 아픈 과거를 가슴으로 느낄 수는 없었을 딸이 아닌가! 그것은 참 경이로운 발견이었다.

내 아이들은 나와는 분명 다른 세상을 살고 있었다. 변호사인 아빠를 만나 내 어린 시절과는 비교할 수 없이 넉넉한 생활을 하고 있었다. 그래서 나는 아이들에게 좀 미안한 마음을 갖고 있었다.

물질적 풍요가 아이들의 경험의 폭, 사고의 폭을 좁게 하는 것은 아닐까? 무사안일한 아이들을 만드는 것은 아닐까? 염려되었다. 어려움을 겪어보지 못한 아이들이 어른이 되어 정말 어려운 일, 가치 있는 일에 도전조차 해보지 않을지도 모른다는 두려움도 있었다.

그런데 딸이 대학입시에 실패하고서 가난함과 어려움 속에서 자란 나와 같은 얼굴이 되다니…. 아빠가 겪었던 어려움을 이해할 수 없는 딸, 자신의 아픔을 삭여낼 수 없는 어른으로 내 딸이 성장한다면… 그것이 오히려 비극이라는 생각이 들었다.

이번 실패가 딸에게 이런 선물을 주는구나! 나는 비죽비죽 웃고 말았다. 나도 그런 아픔을 통해 성장하지 않았던가.


대학입시에 실패한 나는 지방 도시 고등학교에 다니는 동생의 단칸 자취방에 얹혀 지냈다. 온종일 머리를 싸매고 공부해도 아무런 진전이 없었다.

밥 짓고 청소하고 나면 하루가 금방 지나갔다. 서울의 재수학원에 다니고 싶었지만 섬에 사시는 아버지의 경제력으로는 어림없는 일이었다. 그때 내 가슴은 늘 텅 비어 있었다. 길을 걸어도 구름만 봤다. 희망 없는 삶, 미래 없는 하루하루가 흘러가고 있었다.

어느 봄날 섬에서 어머니가 오셨다. 초등학교도 다니지 못한, 경제력도 없는 어머니에게 내 사정을 말해봐야 별도리가 없었다. 며칠 동안 한숨만 내쉬던 어머니가 말도 되지 않는 제안을 했다. 일류로 알려진 재수학원에 장학생으로 뽑히면 무조건 서울로 올라가자는 것이었다.

그냥 붙기도 어려운데 어떻게 장학생이 되겠느냐는 생각이 들었지만 달리 방법이 없었던 나는 어머니의 뜻을 따르기로 했다. 서울은 애당초 꿈도 꾸지 말라던 아버지에게는 비밀로 했다. 돈을 마련할 구멍이 없었던 어머니는 이틀 치 주먹밥을 싸주며 겨우 기차표를 마련해주셨다.

사설 독서실 시멘트 바닥에서 잠을 자며 나는 어머니가 싸준 주먹밥을 먹었다. 어머니의 주먹밥에는 어려운 우리 가정이 담겨 있었고 내 미래도 담겨 있었다.

시험 결과를 보러 갔더니 두 학원 게시판에 모두 장학생으로 내 이름이 실려 있었다. 서울은 절대 안 된다던 아버지의 얼굴에도 웃음꽃이 활짝 피었다.

나는 그 도전을 통해 대학에 갈 수 있었고 새로운 세계와도 맞닥뜨리게 되었다. 부모님과 내가 하나임을 실감할 수 있었던, 어머니의 용기와 아버지의 깊은 마음은 내 인생에 두고두고 큰 힘이 되었다.

내가 대학에 실패하지 않았다면 나는 그런 주먹밥도, 그런 극적인 체험도 맛보지 못하고 어른이 되었을 것이다.

퇴근해서 딸의 얼굴을 다시 보았다. 아빠를 봐도 무덤덤, 동생을 봐도 무덤덤…. 딸을 불러 내 실패담을 들려주었다. 실패가 오히려 딸에게 얼마나 많은 것들을 줄 것인지 이야기했다. 모처럼 웃는 딸의 얼굴에서 어둠이 걷히기 시작했다.

## 삼일로에서 월부책 팔다

　대학에 들어가면 공사판 육체노동 한번 해보리라 다짐했건만, 학생과외 아르바이트가 당장 벌이도 좋고 손쉬운 일이어서 늘 그 일을 택하다가 졸업을 하고 말았다.

　사법고시에 합격하고서도 몸으로 하는 일에 대한 미련을 못 버리고 있을 때 고향 선배 황을 만났다. 영어 시사잡지 영업사원인 황은 직장인을 찾아다니며 책을 팔았는데 부지런해 실적이 좋았다.

　한 번도 해본 적이 없는, 무척 어렵게만 보이는 그런 일을 나도 꼭 해보고 싶었다. 잡지사에 가서 영업부장에게 인사를 드리고 간단한 교육을 받은 후 길거리에 나섰다.

황이 어떻게 사람들에게 접근하는지 배울 겸 그를 따라나서자 황은 자립심을 키우라며 나를 따돌리고 사라져버렸다. 서울 시내 한복판에 남겨진 나는 너무 막막했다.

대학 시절 학교 벤치에 있으면 친절한 미소를 띠며 접근하던 월부책 장사를 얼마나 귀찮아했던가! 나도 그런 실없는 사람 취급받을 것이 뻔했다. 삼일로에 불어닥치는 12월의 싸늘한 바람이 나를 더 위축되게 했다.

큰 건물 앞에 들어섰다. 수위가 어디 가느냐고 물었다. 무슨 말을 꺼내야 할지 얼버무리자 험악한 표정으로 나를 쫓아냈다. 사람들이 북적거리는 더 큰 건물로 가면 괜찮을 거라는 생각이 들었다.

예상대로 나는 큰 건물에 잠입할 수 있었다. 그러나 사무실마다 문은 굳게 닫혀 있고 넥타이를 맨 사람들은 분주하게 오갈 뿐이어서 말을 붙여볼 수도 없었다.

그런데 이층 저층 돌다 보니 열린 문으로 사원들 몇 명이 일하는 사무실이 눈에 들어왔다. 출입구에 앉은 여직원에게 말을 붙였다. 무슨 말부터 해야 할지 떠듬거리는데 그녀는 책을 못 산다며 거절하면서도 의외로 미안해하는 것이었다. 혼쭐이 날

줄 알았던 나는 용기가 났다.

그 여직원에게 눈으로 승낙을 구하고 사무실로 들어가 남자 직원에게 책을 권했다. 조금 듣더니 그도 거절하는 것이었다. 모처럼 잠입에 성공한 사무실에서 실패하고 보니 월부책을 판다는 것이 얼마나 어려운 일인지 더욱 실감이 나는 것이었다.

그래도 무조건 배타적으로 나를 몰아내지 않았던 그 여직원의 눈빛과 내 말을 조금이라도 들어주던 그 남자 직원의 마음이 내게 위안을 주었다. 그 건물을 나와 또 다른 건물로 향했다.

틈을 보아 어느 사무실에 들어갔다. 그러나 그 사무실 여직원은 앙칼진 목소리로 나를 쫓아냈다. 길거리의 세찬 바람과 서울 시내의 야경은 이제 오늘은 끝났다는 신호를 보내고 있었다. 집으로 돌아오는 전철에 몸을 실을 수밖에 없었다.

나는 한 부라도 꼭 실적을 내고 싶었다. 돈 욕심이 난 것은 아니었다. 좋은 대학을 나왔다는, 사법고시에 합격했다는 그런 외형적인 것을 벗어던지고도 내 스스로 세상과 호흡할 수 있는지 그것이 정말 궁금했다.

어쩌면 그것은 남 보기에는 사치스런 생각이었는지 몰라도 내게는 절박했다. 내가 허울을 쓰지 않고 나 자체만으로 할 수 있는 일이 과연 있는지 늘 궁금했기 때문이다.

세상이 주는 그 무엇이 있어야만 내가 뭔가를 할 수 있는 것이라면 나는 세상 것을 쫓아야 할 것이었다. 그래서 나의 겉을 벗고 세상과 교류해보려는 작업, 그것은 내게 너무나 소중한 것이었다.

다음날 서울 시내는 더 추웠다. 샐러리맨이 많은 삼일로를 나는 다시 서성거렸다. 수위아저씨들과 숨바꼭질하며 다시 이곳저곳 사무실에 잠입하다가 오후 늦게 어느 남자로부터 손쉽게 월부 카드에 사인받는 성공을 거두게 되었다.

영어책을 봐야겠다고 맘만 먹고 있었는데 이렇게 찾아와줘 반갑다며 사인하는 그…. 기분은 좋았지만 내 설득에 의한 선택은 아니었다는 느낌에 뭔가 더 도전해보고 싶었다.

저녁 어스름이 되어서 어느 여직원 앞에 섰다. 그녀는 내 말을 잘 들어주었지만 영어 공부와는 거리가 멀어 보였고 월급도 많이 받을 것 같지 않았다.

그런데 내 말이 끝날 즈음 말없이 사인했다. 몇 번이나 고맙다는 인사를 하면서도 어딘지 그녀가 나를 동정하여 해준 것만 같았다. 타산적인 사람들로 가득 찬 것처럼 보였던 서울이 따뜻하게 다가왔다.

월부책 영업을 통해서 내가 내 힘으로 사는 것이 아니라 결국은 남에 의지해 산다는 것, 남의 따뜻한 마음 없이는 살아갈 수 없다는 것을 알았다.

그간 나는 내가 공부를 잘해야, 내가 인정받아야, 내가 열심히 해야 사는 것으로 알았다. 그러나 내 의지와는 상관없이 남의 호의가, 남의 의지가 나를 살게 하는 것이라는 깨달음은 내게 또 다른 세계를 열어주었다.

그런데도 나는 수시로 내 힘에 의지하여 세상을 살려 한다. 오늘 내가 결혼하여 아이를 갖고 직장에서 일을 할 수 있는 것도 이 세상에 있는 수많은 사람들의 선의 덕분임을 다시 느껴본다. 지금 이 시간 내 안에 있는 사랑과 평화가 어디서 왔는가?

## 너한테 용돈 주나 봐라

　눈 내리던 어느 겨울, 초등학생 조카와 아이들을 데리고 등산을 갔다. 정상에 올라 하얀 눈 속에서 따끈한 라면 국물을 먹는 추억을 만들어주고 싶었다.
　각자 짐 하나씩을 나누어 들고 산을 올랐다. 몇 시간 눈길을 걸어 정상에 오른 녀석들은 모두 배고픈 표정들이었다.
　나는 라면을 끓이려고 조카에게 맡긴 부루스타휴대용 가스버너를 찾았다. 조카는 부루스타를 산 밑 어느 바위 뒤에 숨겨놓고 왔다면서 산 정상에서건 산 밑에서건 라면만 끓여 먹으면 될 것을 무겁게 정상까지 들고 올 필요가 있느냐고 했다. 나는 화가 부글부글 끓어올랐지만 조카는 뭐가 문제냐는 표정이었다.

　중학생이 된 그가 어느 날 집으로 놀러 와 컴퓨터 '삼국지' 게임을 하는 것이었다. 나도 한번 해보고 싶어 좀 가르쳐달라고 했다. 조카는 순식간에 컴퓨터 자판을 치고 나서 이렇게 하면 된다고 했다.

　도저히 알 수 없었다. 좀 천천히 차근차근 가르쳐달라고 사정조로 말했지만 또다시 다다닥 자판을 두드리고 나서 "이렇게 하면 되는데…." 하며 짜증을 냈다. 마지못해 가르쳐주는 시늉만 할 뿐 실상은 조금도 방해받기 싫다는 이기심으로 꽉 차 있었다. 사람이 그러면 못 쓴다고 일장 연설을 했지만 듣는 둥 마는 둥 했다. 조카에게 큰 벽이 느껴졌다. 가끔 용돈을 챙겨주던 나는 조카에게 마음을 접고 말았다.

　군인이 된 녀석이 휴가 중 사무실에 찾아왔을 때 나는 용돈이 궁해서 왔겠거니 생각하며 '너한테 용돈 주나 봐라.' 회심의 미소를 지으며 그냥 돌려보내고 말았다.

　얼마 후 제대한 그가 다시 찾아왔다. 몇 달 후 복학할 때까지 막일 거드는 아르바이트를 한다고 했다. 의외였다.

　형님은 늘 사업 한번 성공해 남에게 '나도 이런 사람이다.'라는 걸 보여주고 싶어 했다. 그래서 착한 형수님이 여러 해에 걸쳐 한 푼 두 푼 모아놓은 돈을 사업한다며 단번에 없애버리기 일쑤였다.

형님은 다른 사람이 이야기할 때는 무덤덤하다가도 아들 자랑이나 자신의 탁월한 사업술(?)을 늘어놓을 때면 침이 튀었다.

조카가 남도 생각하는 사람이 되도록 가르쳐야 한다고 형님에게 넌지시 말을 꺼냈다가도 그 무덤덤한 표정과 마주치게 되면 나는 입을 다물어야 했다. 형님이 그처럼 떠받들던 조카가 잡일을 하다니….

형수님이 식당에서 밤을 지새우며 일해도 형님이건 조카들이건 그러려니 하며 사는 것 같아 안타까웠는데 조카가 엄마의 노고를 아파하는 청년으로 성장한 것 같아 달리 보였다. 나는 조카에게 내 사무실에서 아르바이트를 하라고 했다. 조카는 머리로만 하는 일, 자신이 잘 아는 일을 시키면 곧잘 해냈다.

그러나 일이 조금 힘들거나 막히면 슬며시 그만두어버렸다. 왜 그 일을 안 하냐고 물으면, 일을 준 사람이 잘못인 양 부정적인 반응을 보였다.

그의 능력만으로도 더 잘할 수 있는데, 분명히 더 좋은 방법이 있는데 시도도 하지 않고, 자신의 똑똑한(?) 머리로 이해하지 못하는 일은 불가능하다고 단정해버렸다.

누가 무얼 물어보면 그것도 모르냐며 퉁명스럽게 대하거나 가르쳐주는 시늉만 하니 그와 함께 일하는 사람들은 그를 좋아하지 않았다.

나는 어릴 적부터 사람 관계에 미숙했지만 사람에 대한 애정은 무척 컸다. 어머니가 피곤해 보이면 다리라도 주물러 드려야 직성이 풀렸고, 아버지가 귀찮아하실지라도 젊게 사셔야 한다는 생각에 함께 운동하자고 강권했다. 공부하는 방법을 모르는 친구에겐 자존심을 건드리면서까지 더 쉬운 방법을 알려주려고 했다.

상대에게 필요한 일이라 생각되면 욕을 먹더라도 그것을 알려주고야 마는 나를 보고 결혼 초 아내는 참 이상한 사람과 결혼했다고 말하곤 했다. 내 일이 아닌 어떤 사람의 일에 대해 밤잠 설쳐가며 고민하다 그를 위해 어렵게 말을 꺼내도 나에게 돌아오는 것은 조롱과 무시였다.

신문이나 잡지에 글을 쓸 때도 마찬가지여서 어느 때는 진보가 더 나아지기를 바라는 글을 썼다가 진보로부터, 또 어느 때는 보수가 더 나아지기를 바라는 글을 썼다가 보수로부터 곤욕을 치르기도 했다.

그럴 때면 내가 남을 '있는 그대로' 보아주지 못하는, 다른 사람을 내 기준에 맞추려 하는 협량한 사람이 아닌가 자책감이 들기도 한다.

그러나 사람들을 '있는 그대로'보다 '더 낫게' 되도록 하는 것이 옳다는 생각은 지워지지 않는다. 그래서 내 능력이 부족해도 내가 귀찮아도 무언가 사람들에게 주려고 애태울 수 있었다. 그 애태움은 결국 나로 하여금 내가 보지 못했던 세상까지 보게 했고, 능력이 없어서가 아니라 사랑이 부족하기 때문에 더 나아가지 못함을 체득하게 해주었다.

그리고 그것은 '있는 그대로의 나'가 아닌 '더 나은 나'로 나를 끊임없이 변화시켜주었고 귀찮은 일까지도 즐겁게 받아들일 수 있도록 나를 바꿔주었다.

문제는 조카에게 그런 애태움이 없다는 것이었다. 그래서 그에게는 더 이상 나아갈 동력이 없어 자신의 한계에 머무르고 있었다. 나는 월급을 주던 날 조카에게 "친구들과 밥 먹으면 네가 밥값을 내고 가족에게도 꼭 선물을 해라." 하고 당부했다.

조카는 생전 처음 그런 시도를 했고 베푸는 기쁨을 맛보기 시작했다. 그리고 '돈이 주는 기쁨'과는 비교할 수 없는 '사람이 주는 기쁨'을 느껴갔다. 그냥 쉽게 해낼 수 있는 일보다 어려워서, 귀찮아서 포기했던 일을 해냈을 때 사람들이 감동하고 고마워

한다는 것도 알아가기 시작했다.

　조카는 이제 제법 넉넉한 사람이 되어 사무실 청소하는 사람들과도 곧잘 자장면을 나눠 먹고 흉허물없는 농담도 주고받는다. 사람을 만나면 먼저 웃으며 다가설 줄 안다.

　이제 스물아홉인 조카는 어느 때는 사십 대 어른들도 해내기 어려운 일도 무리 없이 해낸다. 사람에 대한 사랑이야말로 우리를 지혜로운 사람으로 변화시킨다는 것을 조카를 통해서도 확인하는 요즈음 나도 행복하다.

## 둘째 딸의 불평

결혼 후 한참이 지나도록 아이가 생기지 않았다. 내심 불안했다. 아내는 잠자리에 들기 전 꼭 기도를 했다. 몇 년이 지나 아기가 태어났다.

나는 틈만 나면 아기 곁을 서성거렸다. 아기와 떨어지기 싫어 추운 겨울 산에 갈 때도 잠바 속에 아기를 넣고 가슴에 바짝 붙여 안고 다녔다. 새근새근 숨소리와 따스함이 가슴으로 전달될 때의 그 평온함….

둘째가 생겼다. 그즈음 나는 몹시 바빴고 첫 아이 때처럼 그렇게 신기하지도 않았다.

첫째가 울면 놀라 달려가던 아내도 느긋했다. 첫째와 달리 둘째를 가슴에 품고 다닌 기억은 희미하다.

둘째는 첫째의 옷을 입고 첫째의 그림책을 뒤적이더니 나도 모르는 사이 어느새 걸어 다녔다. 그래서 그런지 둘째는 늘 우는소리를 했다. 우는소리가 질색인 나는 둘째를 자주 야단쳤다. 둘째는 중학생이 되어서도 여전히 우는소리로 말했고 조금만 못마땅해도 따지고 들었다.

어느 날 온 가족이 낯선 곳을 찾아가게 되었다. 혼자서 운전도 하고 지도도 봐가며 길을 찾는데 아이들은 모두 관심 없이 떠들기만 했다. 너무한다 싶어 사내아이인 셋째를 야단쳤다. 그랬더니 아이는 미안해하며 지도를 펴들었다.

식당에 들러 점심을 먹는데 아이들이 깔깔대며 큰 소리로 떠드는 것이었다. 둘째 딸의 표현이 너무 과격해서 나무랐더니 아빠는 왜 나만 가지고 그러느냐며 볼멘소리를 했다.

사실 그냥 넘어가도 될만한 일에 꾸지람을 한 것 같아 듣고 있으려니 의기양양 더욱 대들었다. 평소에도 나만 미워한다며 따지더니 급기야 큰 소리로 울면서 눈까지 흘기는 것이었다. 많은 사람이 있는 식당에서 내가 혼을 내지는 못할 거라는 나름의 계산도 있는 듯하여 나는 아이의 뺨을 때리고 말았다.

그런 비뚤어진 맘을 갖고 있는 둘째에게 야속한 마음이 들었다. 나는 집에 발도 들여놓지 말라는 엄포를 놓고 둘째를 집 밖으로 쫓아냈다. 그러나 걱정이 되었다. 할머니 집에 가 있으면 좋으련만….

자리를 박차고 큰딸에게 둘째를 찾아오게 했다. 겸연쩍게 돌아온 둘째를 불러 앉혔다.

"오늘 아침 너희 셋 다 지도를 보지 않았지만 동생만 야단맞았다. 그런데 네 동생은 자신만 야단맞았지만 불공평하다며 억울해하지 않고 자신의 잘못을 부끄러워했다. 그러나 너는 제일 크게 떠들고도 덜 떠든 사람을 야단치지 않는다며 억울해했다. 불공평하기로는 동생이 더 억울해야 하고 잘못의 크기로 보면 네가 더 잘못했다.

그런데 너는 언제나 이런 비슷한 상황에서 너만 불공평한 대접을 받는다고 불평한다. 이렇게 크면 너는 평생 네 잘못은 고치지 못하고 세상만 탓하며 살게 된다. 앞으로는 네가 잘못한 점, 더 잘할 수 있는 점을 먼저 생각하면 좋겠다."

다음 날 아침, 내 책상에 둘째의 편지가 놓여있었다. 밤새 썼는지 꽤 장문의 편지였다. 자신만 억울하다는 생각에 사로잡혔던 어리석음을 반성하는 내용이었다.

그 후 둘째는 우는소리를 하지 않았다. 그리고 점점 애교와 유머를 가진 아이가 되어갔다. 그때까지 첫째는 우등생이었지만 둘째는 공부를 잘하지 못했다. 첫째는 손님이 와도 인사만 하고 제 방에 들어가 공부만 했고 시험 기간이면 성당 가는 시간도 아까워했다.

그러나 공부는 뒷전인 둘째는 손님만 오면 얼씨구나 어울렸고 시험은 아랑곳하지 않고 성당에 나갔다. 아무도 둘째에게 공부를 기대하지 않았다. 그런데 얼마 전 이변이 일어났다. 둘째가 전교 1등을 했다며 꼬리표를 내밀었다. 믿기지 않았다.

9년 전 〈가톨릭다이제스트〉를 맡고 매달 잡지를 만들다 보니 아이들 공부 뒷바라지는 불가능했다. 부모들이 온통 뒷바라지해도 대학가기 힘들다는데 아이들 장래를 망치는 것은 아닐까 걱정이 되었다. 그때 10살, 7살, 5살이던 아이들도 아빠 엄마 얼굴 보기도 힘들다며 불만이 많았다.

그러나 나는 '중심이 바로 서면 주변도 바로 된다.'는 막연한 믿음을 갖고 있었다. 아무리 아이들 뒷바라지를 잘해도 중심이 바로 서지 않으면 모래성이 될 것 같았다.

그래서 학교 공부도 중요하지만 아빠 엄마가 만드는 〈가톨릭다이제스트〉만큼은 꼭 읽으라고 당부했다. 공부에 방해가 되더라도 아빠 엄마가 무엇을 하는지 알도록 책 홍보갈 때 아이들을 데려갔다.

온갖 수모를 당하면서도 꿋꿋이 〈가톨릭다이제스트〉를 만들고 홍보하는 것을 지켜보면서 언제부턴가 아이들은 불만 대신에 사무실에 나와 봉투도 붙이고 타자도 치고 교정도 봐주었다.

나는 얼마 전 아이들에게 하소연했다. "사람들은 누구나 사랑을 주고받고 싶어 하지만 세상에서 사랑을 찾기가 쉽지 않다. 나는 사람들에게 다정한 친구가 되어줄 책을 만들고 싶다.

그런데 잡지 일은 고되고 돈도 잘 벌지 못해 뜻있는 사람만 할 수 있는 일이라서 일손이 너무 부족하다. 이제 아빠, 엄마도 나이가 들어 힘들다. 너희들이라도 이 일을 도와야 한다. 그러려면 공부도 잘해야 한다."

아이들의 얼굴에 결의가 보였다. 부모가 없는 사이 동생들은 첫째가 공부하는 방법을 따라 하고, 바쁠 때는 서로의 숙제도 거들어주며 자기들끼리 공부했다. 아이들의 독서실 출입이 잦아졌다.

시험 때마다 성적이 부쩍부쩍 올라갔다. 왜 공부해야 하는지 확실한 목표가 생긴 아이들에게 더 이상 부모라는 공부 도우미는 필요 없었다. 세 아이는 성당도 즐겁게 다니고 심부름도 잘했다.

얼핏 생각하면 부모가 좋은 학원도 알아봐 주고, 공부 시간도 체크하며 일일이 도와주는 것이 아이들 성적 올리는 비결 같았는데 둘째의 전교 1등 소식을 듣고 나는 마치 무언가 훔친 사람처럼 움찔하면서도 한편으로 어떤 자부심이 피어올랐다.

"들에 피어나는 들풀, 하늘을 나는 새도 돌보시는 하느님이 하느님의 자녀인 사람을 돌보지 않겠느냐?" 하는 성경 말씀에 아이들을 맡길 수 있었던 그 자부심이….

올봄 고등학생이 된 둘째가 새 교복을 입었다. 어찌나 단정하고 예쁘던지 나는 그 아이를 꼭 껴안고 뺨에 입을 맞추었다.

"아이구! 내 딸 예뻐라."

## 오늘은 무얼 시킬까?

그의 영어 실력을 따라갈 사람은 우리 학교에는 없었다. 쉬는 시간이면 그는 책상에 쭈그리고 앉아 깨알 같은 글씨로 백지에 영어단어를 꽉 채웠다.

그는 검정 안경테 안으로 두꺼운 영어책을 들여보내려는 듯 눈동자를 고정시킨 채 꼼짝 않고 앉아있었다. 국립대학에서 시행하는 영어 경시대회에 나가 큼직한 상도 타낼 만큼 그의 영어 실력은 가히 높은 수준에 도달해있었다.

그는 자신의 영어 실력이 인정받을 때면 몹시 흡족해했고 그래서 더 영어에 매진하는 듯했다.

좋은 대학을 나온 그는 강남의 학원에서 영어 강사로 이름을 날렸다. 그러나 그것도 잠깐, 그의 문법 위주, 문장 위주의 영어로는 요즘 학생들을 만족시킬 수 없었다. 그래서 그는 더 영어를 공부하기로 작정했다.

그러나 미국으로의 공간이동만으로 40년도 넘게 굳어진 그의 혀가 풀어질 리 없었다. 그럼에도 그는 깨알 같은 사전을 뒤지며 다시 영어에 매진했다. 공부는 죽을 때까지 해야 하는 것 아니냐면서….

그보다 훨씬 못한 영어로도 이것저것하고 사는데 그 좋은 영어를 잠재우고 있었다는 것이 안타까워 어느 날 그에게 지식 부자가 지식 하나 더 얻으려 애쓰는 것이 부자가 더 부자가 되려는 것과 무엇이 다르냐고 물었다.

돈도 지식도 유용하게 쓰이는 것이 목적인데 쓰지는 않고 지식창고에 쌓아가기만 하는 영어가 무슨 소용이 있는가 하고….

주위에는 영어 부자인 그 친구처럼 부자들이 많다. 학벌 부자, 인물 부자, 인기 부자, 교양 부자…. 제 잘난 맛에 산다는 속담도 있듯이 이 세상에 부자 아닌 사람은 없다.

그 부자들은 자신의 부를 남들이 인정하면 그걸 더욱 인정받으려고 애쓴다. 예쁜 사람은 더 예뻐지려고, 공부 잘하는 사람은 더 공부만 할 뿐이다. 그런데 참 이상하게도 그 자랑스러운 것들을 제대로 사용하고 있는 사람은 드물다.

그 친구처럼 영어를 아무리 잘해도 영어의 본바닥에 가면 아무 쓸모 없게 되고, 불어를 잘하는 여성도 불어 모르는 남편을 만나면 또 그 말을 사용하지 않는 곳에 살면 무용지물이며, 아무리 예뻐도 시간이 가면 그 예쁨도 바람처럼 사라지고 만다.

쓰지 않으면 쓸모도 없는 그것들을 위해 우리는 왜 더 잘하려고, 더 가지려고만 아등바등할까? 가진 것만으로는 자랑할 것이 못 되고 가진 것을 제대로 쓸 때 자랑스러운 것인데도….

어느 날 아들을 보며 걱정이 되었다. '아들이 공부를 못하면? 좋은 대학에 가지 못하면? 유학을 보내야 하나?'

의외로 답은 간단했다. '내 아들에게는 창고에 지식을 쌓게만 하지는 말자. 작은 능력이라도 지금부터 유익하게 쓰는 사람이 되도록 해야지!'

그래서 초등학교 5학년 아들에게 선언했다. "언제까지 아빠가 해줘야 하냐? 이제부터 집안일은 네가 해라." 전기선 정리, 컴퓨터 연결, 못 박기, 무거운 물건 옮기기, 책장정리 등등….

약하고 행동이 느린 아들에게 그것은 갑작스런 시련이었다. 그래도 나는 무엇을 할 때면 아들을 부려 먹었다. 온종일 책상에서 일하고 허리가 아픈 날이면 냄새나는 내 양말을 벗겨달라고도 했고, 늦은 저녁 수박 심부름도 시켰다.

처음엔 공부 좀 끼적거리면서 제 몸 추스르기도 힘들어하는 저 어린 녀석에게 무얼 시킬까 고민했는데 아들이 할 수 있는 일은 의외로 많았다. 나중에는 서류정리, 원고 타이핑, 수백 권의 책 정리며 음반 정리 등 닥치는 대로 시켰다. 몸도 튼튼해야 한다며 날마다 팔굽혀펴기도 하라고 했다.

재작년 겨울, 추억을 만들어주어야겠다는 마음에서 아들 친구 몇을 불러 한밤중에 관악산에 데려갔다. 매서운 겨울바람이 아이들의 귀를 사정없이 후려쳤지만 나는 아이들을 밧줄에 의지한 채 깎아지른 암벽을 가로질러야 하는 정상으로 몰아갔다. 아이들은 겁을 내고 있었다.

그런데 의외로 아들이 친구들의 배낭을 져주고 손을 잡아 안심시키며 정상을 향해 칠흑 같은 어둠을 뚫고 조용히 전진해가는 것이었다. 나는 너무나 뿌듯했다.

몇 년 전 뉴욕에 사무실을 냈는데 전화기 설치부터 컴퓨터 연결, 가구 조립까지 내가 직접 해야 했다. 서울 사무실과의 연락, 매달 마감해야 하는 잡지일, 변호사 업무 등 처리해야 할 일이 많은 나로서는 힘겨웠다.

　마침 방학을 맞은 녀석을 불렀다. 녀석은 도착하자마자 사무실을 청소하고 짐을 나르고 컴퓨터를 점검하며 부지런히 도왔다. 서울과의 연락도, 잡다한 서류정리도 그의 차지가 되었다.

　공부하기도 바쁜 아이에게 공부와 상관없는 일을 시킨다며 걱정하던 아내도 아들이 이것저것 척척 해내는 것을 보며 안심이 되는지 이제는 나보다 더 많은 일을 아들에게 시킨다. 빨래와 설거지는 물론 멀리 우체국 배송 심부름까지….

　며칠 전에는 호수가 있는 산으로 등산을 갔다. 나는 아들의 무릎을 베개 삼아 호숫가에 누워 미국의 아름다운 산천을 실컷 구경했다.

　그리고 아들과 함께 앞으로 미국에서 어떻게 사무실을 꾸려가야 할지도 궁리해보았다. 이제 겨우 중학생이지만 아들은 어느새 말이 통하는 친구로, 든든한 후원자로 굵어진 팔을 벌리며 내 곁에 다가와 있다.

　이제는 그의 장래를 굳이 걱정하지 않는다. 이것저것 일을 하면 할수록 아들은 자신이 얼마나 부족한지 알 것이고 그러면 그 부족을 채우기 위해 노력할 것이다. 늘 부족함을 느끼기에 섣불리 무언가를 자랑하지도 않을 것이다.

어릴 때 아버지는 늘 이렇게 말씀하셨다. "말로 배워서 되로 써먹는 사람이 되지 말고, 되로 배워서 말로 써먹는 사람이 돼야 한다."

나도 아들에게 똑같은 말을 한다. 그 말을 알아듣고 묵묵히 따라주는 아들이 고맙다.

'오늘은 아들에게 또 무엇을 시킬까?'

# 시골 누나, 강남 마님들

정의, 지혜의 열매

## 아버지의 저울

　나는 기독교방송국에서 십여 년간 뉴스 해설을 했는데 거기서 그를 만났다. 경제부 기자인 그는 주일예배에 빠지지 않고 기도에도 열심인 크리스천이었다.
　승진에 연연해하지도 않았고 그에게는 기자로서의 특권의식도 없어 보였다. 부드럽고 신뢰감 가는 목소리로 그가 방송을 할 때면 무언가 옳은 것을 심어주려 애쓰고 있다는 느낌이 왔다. 그런데 그런 그도 세상을 이야기할 때에는 다른 사람과 별반 다르지 않았다.
　며칠 전에 그는 이런 이야기를 했다. "요즘 소규모 식당은 죽고 대형식당만 살아남는다. 새로운 사업을 시작하려면 대규모 자본이 필요하다. 정부 정책의 뒷받침 없이는 사업하기가 불가능하다. 직위가 높아야 뜻을 펴보겠는데 내 직위가 낮아 제대로 된 방송을 할 수가 없다." 그의 말은 확신에 차 있었다. 그의 이야기를 듣고 있으면 큰돈 없이는, 정부의 지원 없이는, 직위가 높지 않고는 뭘 제대로 할 수 없는 듯했다.

그러나 큰돈을 들인 대형식당은 파리를 날려도 주인의 정성스런 손맛에 손님이 줄을 서는 작은 식당을 수없이 봐왔고, 오락가락하는 정부 정책에는 아랑곳없이 관공서 곁에는 얼씬도 하지 않으면서 사업체를 튼실하게 운영하는 분들도 만나본 내 경험으로는 그의 말에 선뜻 동의할 수 없었다.

그처럼 '독실한' 크리스천이 세상을 볼 때에는 왜 세상의 논리로만 보는지 궁금해 그 이유를 물었다. 그러자 그는 "내 개인적으로는 하느님의 말씀대로 살려고 애쓴다. 그러나 세상은 세상의 논리가 있고 그 논리대로 되어가는 것이 사실 아니냐?"라고 반문했다.

어느 날 한 신부님으로부터 "어렵게 사는 누나가 너무 억울한 일을 당해 소송 중인데 담당 판사와 아느냐?"는 전화를 받았다.

나는 판사가 내용을 잘 파악할 수 있도록 서류를 정리해 제출하는 일이 판사와의 친분보다 중요하다고 조언했다.

그러자 신부님은 "상대방은 판사와 잘 아는 변호사를 선임해서 일을 보는 모양인데 우리만 당하게 생겼다."며 담당 판사와 잘 아는 변호사를 꼭 알아봐 달라고 했다.

나도 세상에 대해 막연한 두려움을 갖고 있었다. 힘이 세야, 많이 가져야, 줄을 잘 서야 살아남는다는데…. 이런 두려움은 변호사 일을 시작하면서 현실로 다가왔다. "법조 브로커를 쓰지 않으면 사건이 없다. 판사를 찾아가야 일이 잘 풀린다."고 사람들도, 언론도 진리처럼 말했다.

어린 시절 아버지의 한약방에는 한약재를 다는 조그만 저울이 있었다. 나는 그 저울로 이것저것 재며 자주 가지고 놀아서 저울 눈금을 누구보다 잘 알았다. 아버지는 비싼 약재를 팔 때 그 저울을 꼭 사용하셨는데 저울 눈금을 한 번도 속이지 않으셨다. 언젠가 아버지께 사람들이 알지도 못하는데 한 눈금만 속여도 돈을 더 벌겠다고 하자 아버지는 "그러면 된다냐?" 한 말씀하시고는 하던 일을 계속하셨다.

더 신기한 것은, 고기 한 근 사면서도 눈금을 확인하는 것이 다반사인데 한약방에 오신 손님들은 아버지가 저울 눈금을 바로 재는지 쳐다보지도 않았다. 이렇게 믿고 사는 세상이 있다는 사실은 나에게 두고두고 큰 힘이 되었다.

의뢰인들은 대개 '담당 판사와 잘 아는지'를 먼저 물어왔다. 나는 고객들에게 판사와의 친분 관계는 중요치 않고 법률적 쟁점을 찾아내는 것이 가장 중요한 일임을 설득하는 데 더 많은 시간을 보내야 했다. "당신이 선생이라면 2등 아이의 엄마와 잘 안다는 이유로 2등을 1등으로 만들겠느냐? 판사도 질 사람을 이기게 하지는 않는다."고.

하지만 '전관예우'니 '사법 부정'이니 하는 세상의 속설에 물든 사람들은 나를 세상 물정 모르는 순진한 놈으로 여기는 눈빛이었다. 그래서 의뢰인들을 만나고 나면 늘 진이 빠졌다.

세상의 그릇된 속설이 사람들을 얼마나 잘못 판단하게 하는지 가슴도 아팠다. 그 신부님께도 이런 말씀을 드렸었는데 그 신부님은 오히려 섭섭해하시는 눈치였다. 뒷날, 신부님의 누나는 판사와 잘 안다는 변호사를 선임했으나 결국 패소했다는 이야기만 들려왔다.

그래도 진지하게 설득하면 내 말을 믿어주는 분들도 의외로 많았다. 사무실에 법조 브로커가 없었지만 나를 찾는 의뢰인들도 늘어갔고 내가 판사를 만나지 않아도 승소하는 일이 많았다.

사건이 줄을 이어 나는 큰 집도 사고 큰 차도 타게 되었다.

고양이를 호랑이로 보면 고양이 앞도 마음대로 걸어가지 못한다. 돈이 있어야, 자리가 높아야, 배경이 있어야 일을 할 수 있다는 시시한 속설에 속으면 뜻이 있어도 아무런 일도 하지 못하고 말 것이다.

신부님이 판사와 친한 변호사를 찾기보다 누나의 억울함을 조목조목 판사에게 알렸더라면…. 세상에 정의가 승리한다는 확신을 갖고 하느님의 옷자락을 붙잡고 기도라도 했다면….

우리는 돈이 없어도 힘이 없어도 올바른 신념만 있다면 돈으로 힘으로는 할 수 없는 가치 있는 일을 해낼 수 있는 하느님의 귀한 자녀들이다. 우리가 두려워할 것은 돈과 힘이 아니라 오직 하느님 한 분뿐인데….

## 독일어 사전을 훔치다

　어느 날 수업 시간에 선생님이 이런 말씀을 하셨다. "세상에는 창녀도 있어야 돼! 어느 나라에서는 창녀를 없앤다는데 그러면 더 큰 사회문제가 발생해."
　까까머리 고등학생이었던 나는 깜짝 놀랐다. 늘 유익한 말씀을 들려주시던 선생님이라 그냥 하신 말씀은 아닐 거라 믿으면서도 그 뜻이 헤아려지지 않았다.
　그 선생님은 며칠 후 또 이런 말씀을 하셨다. "너무 맑게 살려고만 하지 마, 세상의 더러움에도 빠져 봐야 해. 남자가 제대로 살려면 시장바닥에도 자주 나가 봐."

창녀는 당연히 없어져야 하고 세상의 더러움은 피하고 깨끗함만 추구해야 한다고 모두가 그렇게 말했는데 그와 정반대로 말씀하시는 선생님이 기이하게 느껴졌다.

어린 시절 나는 형이나 누나가 잘하건 잘못하건 그대로 부모님께 말씀드렸다. 누가 잘못하면 잘못을 인정할 때까지 나는 끝까지 따졌다. 이렇게 거짓말할 줄 모르고 정의로운 내가 나는 늘 자랑스러웠다. 나는 내 양심에 거리끼는 일은 하지 않으려 했다. 그런 나에게 사람은 흠이 있을 수밖에 없다는 말씀은 도저히 이해할 수 없었다.

나는 성실하게 공부했고 절약과 근검을 몸에 익히며 일류대학에 들어갔다. 대학에는 나 같은 모범생들이 모여 있었다. 반듯반듯한 외모, 자로 잰 듯한 말투, 빈틈없는 노트 정리…. 교수님들도 사회의 구조적인 모순, 정치인들의 잘못에 대해 빈틈없이 논박하는 정의파들이었다.

그런데 이상하게도 그들에게는 웃음이 없었다. 비웃음이나 잘난체하는 웃음이 아닌 천진한 웃음 말이다. 고교 시절 그 선생님처럼 나를 놀라게 하는 새로운 이야기들도 없었다. 그래도 나는 그 대열에서 떨어져 나갈까 전전긍긍했다.

그런데 나는 같은 학교 대학원 입시에 떨어져 원하지 않던 대학원에 가게 되었다. 그곳 학생들은 가끔 뻔히 보이는 뻥도 치고 장황하게 질문을 늘어놓고, 노트 정리도 엉망이었다. 교수들 얼굴에는 긴장감도 자부심도 없어 보였다.

그런데 그들에게는 아이 같은 웃음과 편안함이 있었다. 스스럼없이 말을 걸어볼 수도 있었고 내 말이 좀 틀려도 알아보지 못하는 것 같았다.

5월 어느 봄날, 도서관에서 고교 시절 그 선생님의 말씀이 떠올랐다. 뭔가 나도 일탈해보고 싶었고 거짓말도 해보고 싶었다. 그때 마침 도서관 서가에 꽂혀 있는 독일어 사전이 눈에 확 들어왔다. '저걸 한번 훔쳐?'

나는 두근거리는 마음을 애써 진정하며 그 사전을 들고 출입구를 향해 걸어갔다. 한 발 두 발…. 도서관 직원이 사전을 보는 듯했지만 나는 태연하게 그의 앞을 지나쳤다. 등줄기에는 여전히 그의 시선이 박혀있는 듯했다.

집에 돌아와 사전을 내 책꽂이에 꽂았다. 그리고 독일어 공부할 때마다 그 사전을 뒤적였다. 지금도 나는 그 사전을 뒤적인다. 그런데 이상한 것은 아직도 그 사전을 도둑질했다는 죄책감보다는 오히려 내가 뭔가 새로운 것을 해냈다는 만족감이 새록새록 새겨진다.

창녀에게 돌팔매질하려는 군중들을 보고 청년 예수가 "흠 없는 자 저 여자에게 돌을 던지라."고 하자 사람들이 하나둘 자리를 뜬다. 왜 예수는 창녀를 두둔했을까. 예수에게는 정의감이 없는가?

우리는 정의를 자주 들먹인다. 누가 잘못했다고만 하면 벌떼처럼 일어선다. 온 국민이 BBK에 분노했고 신정아의 학력 위조에 치를 떨었다. 정의로운 정치인들과 언론은 자나 깨나 그들의 잘못을 밝히는데 젖 먹던 힘까지 쏟아냈다.

아파트를 개조했다는 한마디에 총리 지명을 받지 못한 여인도 있었고, 아들 군대 안 보내려 했다는 마타도어에 대통령선거에서 떨어진 이도 있다. 이런 정의롭고 위대한 국민들이기에 사전을 훔친 것이 밝혀진 이상 나도 '도둑놈'으로 낙인찍혀 평생 공인이 되기는 틀렸다.

그런데 진정한 정의는 무엇일까? 정의는 불의를 공격만 하는 것이 아니라, 형평이며 평등이며 사랑이다.

나는 사전을 도둑질도 했지만 정직하기도 했고 성실하기도 했다. 나는 비난받을 부분도 있지만 칭찬받을 부분도 많다. 나는 도둑질한 변호사이기도 하지만 억울한 사람의 누명을 벗겨주기 위해 남이 잠잘 때 밤잠 안 자고 변론을 준비한 정의로운 변호사이기도 하다. 좋은 점은 다 무시하고 내가 사전 훔친 것으로 사람들이 나를 비난만 한다면 그것이 정의의 실현일까?

오늘 우리 사회는 삼성특검이다, BBK특검이다 하여 남의 잘못을 파헤치는 것을 최고의 가치로 여기는 사람들이 있다. 삼성이 잘한 것, 이명박이 잘한 것에 대한 평가는 없다.

자신들의 잘못에 대하여는 입을 다물고 남의 잘못만 고치라고 떠든다면 그것은 평등하지도 형평에 맞지도, 사랑이 담겨 있지도 않는 것이어서 오히려 정의를 해칠 수도 있다.

이제 새해에는 남의 잘못만 들추는 것으로 정의를 세우는 잘못을 되풀이하지 않았으면 한다. 아무리 큰 업적이 있어도 조금 잘못이 있다는 이유로 몰아내고 별 업적이 없어도 들춰낼 흠이 없다는 이유로 지도자로 세우면 우리는 어떤 나라에서 살아가게 될까?

흠 없는 것은 제사 때나 쓰는 희생 제물이 되어야 하지, 흠 있는 인간들을 이끌 수 있는 지도자가 되어서는 안 된다. 그런데도 우리는 흠 없는 인간만을 받아들이는 근본주의자들이 되어간다. 자신은 덕지덕지 흠투성이인데도….

공부 잘하고 인물 좋고 말 잘하고 흠잡을 데 없는 인간들이 이끌어가는 사회, 그것은 이미 죽은 사회다.

시장에 가면 상인들이 거짓말을 한다. "밑지고 팔아요! 본전만 주세요!" 우리는 그들이 거짓을 말하는 줄 뻔히 알면서 시금치를 사고 생선을 산다. 그리고 그것으로 아이들을 먹이고 우리도 먹는다. 만약 시장상인들이 거짓말한다는 이유로 시금치도, 생선도 사지 않는다면, 그것이 정의일까? 우리는 이렇게 거짓을 받아들이며 살아간다.

흠 있는 내가 남의 흠보다는 내 흠을 먼저 보고 남의 장점을 보아낼 때, 사람들과 올바른 관계를 맺게 될 것이다. 그것이 형평이며 평등이며 사랑이기에 그때야 비로소 내 안에도 진정한 정의가 자리 잡을 것이다.


'정의 없는 자비는 혼돈의 어머니'라는 토마스 아퀴나스의 말처럼 정의롭지 않은 것을 무조건 그냥 감싸자는 것은 아니다. 흠과 장점을 서로 형평이라는 저울에 달아보는 그런 균형 있는 지혜가 필요하다.

내가 더러운 곳에 빠져보지 않으면 남의 추함을 참아낼 수 없다. 내가 마른 땅에서 깨끗한 옷만 입고 있다면 진흙탕에 빠져 허우적대는 퀴퀴한 냄새, 오물로 얼룩진 사람들과 맞댈 수 없다. 고고한 나는 고고한 사람들과만 살아야 하는가. 내가 마른 땅에 있다고 정말 깨끗한 사람인가. 진흙탕에 있는 사람들이 정녕 더러운 사람들인가.

　이제야 나는 청탁淸濁을 함께하라는 그 선생님의 말씀을 이해할 것 같다. 내가 선생님의 말을 듣고 의아해했듯 이 글을 읽으며 의아해할 분들을 위해 토마스 아퀴나스의 또 다른 말을 인용하고자 한다.

　"자비가 정의를 없애지 않고 오히려 정의를 채운다."

### 엄마, 선생님 돈 줬어?

 큰딸은 초등학생 시절 글짓기건, 그림이건, 노래건 대회에만 나가면 늘 큰 상을 타왔다. 음악에도 미술에도 젬병이었던 나로서는 신기할 뿐이었다.
 그런 아이가 어느 날 시무룩한 표정으로 와서는 아내에게 다짜고짜 볼멘소리로 물었다.
 "엄마, 교장 선생님 만나서 돈 줬어?"
 아내가 "그건 무슨 뚱딴지같은 소리니?" 반문하자, 친구들이 "이번 노래대회에서도 너가 대상이라며? 너네 엄마가 교장 선생님께 돈을 줘서 그렇대!" 하더라는 거다.

당시 아내는 집에서 살림만 하다가 갑자기 잡지 일을 맡게 되어 내 사무실에 붙어 앉아 눈코 뜰 새가 없었다.
　그즈음 우리는 아이들이 잠든 새벽녘에야 집에 들어가기가 일쑤여서 선생님을 찾아뵙기는커녕 아이들 얼굴 보기도 힘들 만큼 바빴었다. 딸 역시 그런 사정을 잘 알고 있지만 친구들이 하도 실감 나게 이야기하니까 혹시 엄마가 자기 몰래 학교에 왔었나 물은 것이었다.
　아내는 몹시 기가 막혀 하면서도 딸에게 차근차근 설명을 해 줬다. 이 세상에는 '자기가 살아가는 방식대로 남들도 그럴 거라고 생각하며 사는' 사람들이 많다는 것을….
　딸은 엄마에 대한 의구심은 풀었지만 만약 자신이 대상을 타게 되면 아이들이 "그것 봐! 소문이 맞네." 할까 봐 그것이 또 걱정이었다.
　드디어 대회 날이 왔고 다행스럽게도 딸은 대상이 아닌 동상을 탔다. 그런데 미안해하는 친구는 한 명도 없고 언제 그런 말을 했냐는 듯 모두 아무렇지 않은 게 딸은 또 이상했다. 딸은 그렇게 세상의 혹독함을 초등학교 때 치러냈다.

　아내가 얼마 전 수진이 엄마가 몸져누웠다는 소식을 전했다. 십여 년 전 수진이 엄마를 처음 본 순간 나는 '참 솔직담백하고 우아한 사람이구나!' 하는 느낌을 받았다. 내로라하는 일류대학을 나왔지만 그녀는 공부 잘한 사람들에게 있는 그 어떤 답답함도 없어 보였다.

수진이는 우리 집에 가끔 놀러 와 딸과 숙제도 하고 그림도 그렸다. 내가 장난을 걸면, 밝고 구김살 없이 받아넘기거나 되레 장난을 거는 건강한 아이였다.

그런 수진이가 하버드대에 들어갔다. 엄마들은 수진이보다 월등히 공부를 잘한 자기 아이들은 불합격했는데 어떻게 수진이만 합격됐냐며 대놓고 비아냥거리고 분노를 터뜨리더니 이제는 재벌 집안이라 돈을 들여 합격시켰다고 수군대기 시작해 수진이 엄마가 괴로워하다 결국 앓아누운 것이다.

내가 만약 하버드대 교수라면 딸의 친구들 중 누구를 뽑을까? 다른 엄마들은 아이들에게 무엇을 가르쳤는지 생각해보았다. 유명한 과외교사가 누군지, 어느 학원이 잘 가르치는지 알아내 아침부터 밤늦게까지 아이들 성적 올리는 데만 노심초사하지 않았던가. 그런 열성 때문에 아이들이 조기유학도, 과학고도 외고도 갈 만큼 좋은 성적을 얻었지만 그 좋은 성적이 좋은 품성을 보증하는 것은 아니지 않은가.

수진이 엄마는 수진이에게 어릴 때부터 공부 외에도 음악이

나 미술, 여행이나 봉사, 그리고 무엇보다 삶을 즐기는 법을 알려주려고 애썼다. 최소한 세상에는 공부보다 더 중요한 것이 많다는 걸 전해주려는 현명한 엄마였다. 나는 긍정적이고 다방면에 관심을 갖는 수진이가 하버드에 들어간 것이 옳다는 결론을 내렸다.

그런 생각을 하고 보니 하버드의 입학사정관들이 멋있게 보였다. 수학 문제 하나 더 잘 푼다고 들여보내 주지 않는 대학, 공부에만 극성인 엄마들이 기른 나약한 아이들은 받아주지 않는 대학, 성적만으로 무엇을 이뤄보겠다는 아이들에게 성적보다 더 중요한 것이 있다는 것을 한 번쯤 생각해보게 하는 대학이라면 수진이 말고 합격시켜주어야 할 아이가 누굴까.

그런데도 엄마들은 억울해한다. 우리는 자녀들의 약한 점은 보지 않고 자녀들의 유리한 점만으로 모든 것을 평가해주길 원한다.

하버드는 엄마들의 주장대로라면 과외로 단련된 성적 좋은 학생만 뽑는 개성 없는 대학이 되어야 하고, 엄마들의 모함대로라면 돈을 받고 학생을 합격시키는 불량대학일 것이다.

그런데도 엄마들은 그런 나쁜 대학에 왜 자기 아이들을 보내고 싶어 하는가? 그리고 그런 나쁜 대학에 들어간 수진이를 왜 시기하고 모함하는가?

　최진실이 사람들의 악플에 시달리다 못해 세상을 버렸다. 뭔가 부러운 사람, 나보다 잘난 사람에 대한 시기심이 악플을 쓰게 했을 것이다. 있지도 않은 사실을 만들거나 과장하면서 모함해대는 사람들은 진실을 말할 기회도 주지 않고 설령 진실을 말한다 해도 위선으로 몰아붙인다.

　진실은 알지도 못하면서, 혹은 진실은 알아보려고도 하지 않으면서 자기의 기준과 방식에 따라 무조건 비난부터 하면서 정의로운 양하는 사람들…. 그런 사람들에게 진실이란 과연 무엇일까?

　주위를 살펴보면 이렇게 아무 근거 없이 비난하는 사람들이 의외로 많다. 그래서 모함받고 오해받으며 괴로워하는 사람들 또한 너무 많다.

　내가 남을 오해하고 시기한 적은 없는가 생각해보면 우리 모두 부끄럽지 않은 사람은 별로 없을 것이다. 그럼에도 우리는 내가 받은 모함과 오해에 대해서만 괴로워한다. 나의 오해와 시기로 인해서 괴로워하는 사람은 없었을까. 나의 입이, 나의 펜이, 나의 손가락질이 최진실을 죽이고 수진이 엄마를 몸져눕게 하고 내 어린 딸에게 상처를 주진 않았을까?

나의 오해와 나의 비난만이라도 줄어들면 모함과 오해 때문에 괴로워하는 사람들 또한 줄어들 것이다. 그런데도 우리는 남의 오해와 남의 비난만 문제 삼지, 나의 오해 나의 비난은 문제 삼지 않는다.

오늘도 최진실에 대한 악플을 비난하는 사람은 늘어가도 자신의 오해로 인해 상처받은 사람이 있는지 살펴보는 사람은 없다. 그런 살핌이 없는 사회라면 모함과 오해는 늘 우리 곁에 있을 것이며 그로 인한 상처와 고통 또한 우리를 따라다닐 것이다. 오늘 나는 또 누구를 오해하고 누구를 비난하고 있는가?

## 시골 누나, 강남 마님들

　초등학교 시절, 학교에서 돌아오면 집에는 사람의 그림자라곤 찾아볼 수 없었다. 방문을 열면 어둑한 그늘이 방안을 차지하고 있었고 부엌문을 열면 싸늘한 바람만 가득했다.
　부모님이 오랫동안 집을 비워 집안엔 온기가 사라지고 봄이건 가을이건 한겨울 같았다. 햇볕을 찾아 뒤뜰로 간 나는 초점도 없이 텃밭을 들여다보거나 하릴없이 장독대에 올라 항아리 속 간장을 들여다보았다. 떼 지어 가는 발밑의 개미들을 따라가기도 했다.
　그러다 배가 고파지면 먹을 것을 찾아 이곳저곳 뒤져보지만 어린 누나가 삶아서 바구니에 담아놓은 누런 보리알이 고작이었다. 손으로 퍼 한입 먹고 또 퍼서 먹고….

절박한 사정에 몰린 부모님들과 연락이 끊긴 우리 형제는 그렇게 하루하루를 보내고 있었다. 먹을 양식이 줄어들면 누나는 어쩔 줄 몰라 했다. 친척 집에서 보리를 얻어오기도 했지만 그것이 오래갈 리는 없었다.

그런데 언제부터인가 누나는 이 친구 저 친구 집에서 보리를 얻어오기 시작했다. 나보다 한 학년 위인 누나 친구들이 우리 집에 보리쌀을 가져올 때면 나는 그 보리쌀보다 그 누나들의 웃음소리가 더 반가웠다. 모두가 어려울 때인데 어떻게 그 보리쌀을 가져올 수 있었는지…. 한 살 위 누나는 그렇게 나를 굶기지 않았다.

그 누나들은 촌스런 옷을 입고 있었고 농사를 돕느라 불그죽죽한 얼굴에 긴 머리에는 이가 득시글했다. 그런데도 그 누나들은 가끔 묵은지나 깻잎, 장아찌도 가져왔고 나중에는 만화책도 빌려주고 소설책도 가져다주어 나는 밤마다 독서도 즐기게 되었다.

무엇 하나 제대로 없던 그때, 나는 그 누나들의 넉넉함으로 세상이 따뜻하게 보였다. 지금도 검정치마에 불그스레한 얼굴을 하고 들어서던 그 누나들의 밝은 웃음이 생생하다.

　세월은 흘러 나는 변호사가 되었고 꽤 돈도 모으게 되었다. 어느 날 길을 가다 외국 사진에서나 본 듯한 근사한 빌라 단지를 지나가게 되었다. 구경해보고 싶어 기웃거리자 수위들이 얼씬도 못 하게 했다.

　며칠 후 부동산에 들러 그 빌라 단지에서 매물로 내놓은 집에 갔다. 마사지하느라 번들번들해진 얼굴에 가운을 걸친 주인마님이 반갑게 나오다가 우리 내외를 보더니 이내 실망하는 눈치였다. '네깟 것들이 이 집을 살 수 있어?' 하는 표정이어서 우리는 그 집을 건성으로 둘러보고 나오고 말았다.

　나는 그때 시골의 그 누나들이 떠올랐다. 그 누나들도 저렇게 변해있을까? 아니면 저 마나님은 어릴 때부터 좀 다른 부류여서 저러는 것일까? 이런저런 생각이 지나갔다.

　마침 그 단지에 맘에 드는 집이 나와서 이사를 하게 되었다. 이웃 부인들도 대체로 그 마나님과 비슷했다. 길을 걸으면서도 목을 길게 빼고 말을 할 때도 지나치게 우아했다. 강남 부자들이 돈만 안다느니, 없는 사람을 무시한다느니 하는 말들이 헛소리가 아니구나 하는 생각이 들었다. 가끔 그 부인들과 마주치면

'저런 허름한 사람들이 왜 우리 빌라에 이사 왔을까.' 하는 불편한 표정이어서 긴장이 되기도 했다.

그런데 어린 내 아이들은 집 밖에 나가서 웃고 떠들고 뛰어다녔다. 그러자 하나둘씩 아이들이 나와서 같이 놀기 시작했다. 갑자기 조용하던 마을이 아이들로 사람 사는 동네가 되었다며 이 집 저 집 일하는 아주머니들도 아이들을 데리고 나왔다.

그러자 부인들도 가끔 나와 아이들 머리도 쓰다듬고 떨어진 감꽃으로 팔찌도 만들어주며 행복한 표정을 짓는 것이었다.

마을 분위기가 바뀌었다. 부인들도 구름 위를 걷듯 걷지 않고 그냥 땅 위를 편하게 걸어 다녔다. 살아보니 그곳에도 여느 곳과 마찬가지로 좋은 사람들이 많았다.

〈가톨릭다이제스트〉를 시작하고 정말 힘겨울 때 동네 부인들이 책을 신청해주고, 일손이 부족할 때는 봉투에 책을 넣고 주소 라벨을 붙여주기도 했다.

시골의 누나 친구들과는 전혀 다른 세련된 여인들이 하얀 손으로 봉투를 붙이는 날이면 그분들의 유머로 사무실 가득 웃음소리가 떠나지 않았다. 열심히 살았고 경험도 많아서인지 우리를 도와주면서도 행여 피해를 주지 않을까 조심하는 그들의 배려와 봉투 하나 붙이는 데도 정성을 다하는 모습은 마치 영화속 한 장면 같았다.

그걸 본 어느 변호사는 저 멋쟁이들이 책 봉투를 붙이는 것은 사회적으로 큰 낭비가 아니냐고 했지만 나는 그런 나눔이야말로 더 큰 생산이라는 생각이 들었다. 마음의 나눔이 있는 곳에 하늘나라가 건설되는데 그보다 더 큰 생산이 어디 있겠는가!

오늘 세상이 몹시 어렵다고 하지만 우리는 어떤 처지에서도 하늘나라를 만들 수 있다. 나는 그 하늘나라를 만든 누나들 덕분에 그 외롭고 배고픈 시기를 건널 수 있었고, 그 강남의 마나님들 덕분에 〈가톨릭다이제스트〉를 건강하게 키워낼 수 있었으며, 수많은 독자들에게 기쁜 소식을 전하고 있다.

어떤 분이 이런 말을 했다. "사람이 건강하면 얼마나 건강하고, 사람이 병약하면 또 얼마나 병약하냐? 건강한 사람이 병약한 친구보다 더 빨리 죽는 경우를 무수히 봤다. 우리가 가난하면 얼마나 가난하고 우리가 부자면 또 얼마나 부자냐? 하늘에서 보면 모두 다 티끌 같을 텐데…."

부에 웃고 가난에 우는 사람이야말로 인생을 값지게 살 줄 모르는 사람이 아닐까.

# 쪽문을 열면
## 시원한 바닷바람이

꿈, 지혜의 날개

## 풍금 옆 음치 소년

 우리 어머니는 노래를 정말 잘했다. 나를 낳기 전 대도시에 사는 이모 집에 갔다가 콩쿠르에 나가 대상을 탄 적도 있다고 한다.
 나를 낳은 기쁨도 '학 한 쌍이 날아왔네~' 하며 노래로 불렀고 그 노래대로 내 이름을 '학鶴'이라 지었다는 이야기도 여러 번 들었다. 그러나 불행하게도 나는 아버지를 닮아서 음치다.
 어릴 때 누가 교실에 놓인 풍금을 치면 주위를 맴돌 뿐 음치인 내가 풍금을 친다고 나서면 웃어버릴 것 같아 말도 꺼내지 못했다.

모두가 떠나고 나서야 겨우 '도레미파솔라시도'를 눌러 보다가 혼자 얼굴이 빨개지곤 했다. 누나나 형들이 노래 부를 때도 내가 따라 부르면 모두 노래를 그만두어버렸다. 어머니까지도 '저렇게 못 부를 수 있는가.' 하는 표정이었다.

대학 시절 선배가 음치도 교정이 된다며 기타를 들고 내 자취방에 찾아왔다. 노래지도를 하는 선배의 노래에 흥이 났는지 다니러 오신 어머니가 옆에서 따라부르기 시작했다.

그러자 선배는 노래를 청했고 어머니는 몇 번 빼는 체하다 이난영의 '목포의 눈물'을 불렀다. 어머니의 노래에 반한 선배도 흥이 나서 목청을 돋우었고 그렇게 두 사람이 주고받는 노랫가락이 몇 시간이고 이어졌다.

어느새 집주인 아저씨도 딸도 고개를 내밀고 박수를 쳤다. 두 사람의 흥에 밀려 나도 박수를 치고 있었지만 그때 내 기분은 묘했다. 어머니와 흥에 빠져버린 선배도, 모처럼 내게 찾아온 노래 배울 기회를 망쳐버린 어머니도 야속했다. 어머니처럼 마음씨 곱고 노래 잘하는 아내를 만나 노래를 배워야지 했다.

결혼을 했다. 다행히 아내는 노래를 좋아했다. 그러나 새내기 변호사 생활은 노래는커녕 신혼여행도 못 갈 정도로 여유가 없었다. 집에 기록을 싸 들고 와 밤늦게까지 검토해야 할 정도로 일에 파묻혀 지냈으니….

어느 가을날 강릉에 재판이 있어 아내를 데려갔다. 돌아올 때는 설악산을 끼고 도는 길을 일부러 택해 천천히 운전을 했다.

인제쯤 왔을 때였다. 가을의 단풍과 새들의 속삭임에 흥이 났는지 아내가 노래를 불렀다. 그 노래가 산으로, 내 마음속으로 메아리쳤다. 나도 신이 나서 노래를 따라 불렀다.

갑자기 아내가 "아유~ 그게 뭐야~" 하며 음정, 박자가 다 틀렸다며 막 웃는 거였다. 나도 어색하게 웃으며 노래 좀 잘하게 가르쳐달라고 했다.

산 밑자락에 다다를 때까지 쉬운 노래 한 곡을 몇십 번이나 부르고 또 불렀다. 틀린 곳을 조금도 변함없이 또 틀리자 아내의 얼굴이 굳어졌다. 그리고 노래를 잘 부르려면 잘 듣는 것이 중요한데 당신은 전혀 듣는 것 같지 않다고 화를 내는 거였다. 나도 화가 났다. 분위기가 서먹서먹해졌다.

몇 년 후 딸이 태어났고 딸은 자랄수록 노래를 잘해 교내 음악경연대회에서 해마다 상을 탔다. 어느 날 딸이 노래를 불러 내가 따라 부르자 딸도 슬그머니 노래를 중단하고 자기 방으로 가버렸다. 나는 그날 정말 외로웠다.

친구가 들어보라던 음악방송이 생각났다. 덴마크 방송이었는데 말은 알아들을 수 없지만 어쩌면 그렇게 마음에 꼭 드는 곡을 들려주는지 나를 위한 방송 같았다.

사람들에 대한 따뜻한 사랑이 진행자의 목소리를 통해 느껴졌다. 들으면 들을수록 마음이 평화로워졌다. 문득 이런 평화를 주려고 잠 못 이루며 사랑의 노고를 바쳤을 사람들이 떠올랐다.

자신의 사랑과 열정을 들려주려고 심혈을 기울인 작곡가가 있고, 그 작곡가의 마음을 그대로 전해주려고 수없이 연습하는 연주가가 있고, 그 아름다운 연주를 듣고 감동하여 잠 못 이루는 사람들이 있다는 생각을 하니 내가 진정 원하는 것이 무엇인지 손에 잡힐 듯 다가왔다. 서로 만난 적도 없지만 시간과 공간을 초월하여 한 마음이, 한 몸이 되는 그 신비….

내가 노래를 잘 부르는 것은 중요하지 않았다. 아무리 훌륭하게 작곡을 하고 연주를 해도 그것을 듣고 기뻐해 주는 사람이 없다면….

남들이 부르는 노래에 귀 기울여주고, 남들이 잘 그린 그림을 마음으로 봐주고, 남들이 밤새워 쓴 글을 가슴으로 읽어주며, 남들이 정성껏 만든 물건을 귀하게 사용해주는 것, 이렇게 귀한 선물을 주고자 애쓴 사람들과 우리가 한 몸이 되고 한 마음이 되는 것이야말로 정말 귀중한 것이었다.

 그분들이 쏟아내는 인간 본연의 순수와 사랑에 맞닥뜨리게 되니 내 안에 또 다른 순수와 사랑이 자리 잡게 되어 그것을 세상에 내놓고 싶은 열정이 샘솟는다. 내가 노래 부르지 않아도 사랑의 합창은 이렇게 번져갈 것이었다.

 좋은 음악을 듣다 보면 내가 얼마나 천박하고 보잘것없이 살아왔는지 부끄러워진다. 그럴 때 나는 음악을 더 열심히 듣는다. 가을에 듣는 바흐의 '마태 수난곡'이 가슴을 파고든다. 세상이 사랑으로 다가온다.

## 천막극장과 강강술래

 이웃 마을에 영화가 들어오는 날이면 마을은 온통 흥분의 도가니였다. 저녁 어스름을 뚫고 사람들은 천막극장으로 길을 떠났다. 연애 대장 사촌 누나 손을 잡고 극장에 가는 10여 리 초저녁 길은 늘 꿈속 같았다.

 천막극장에 들어서면 빙 둘러쳐진 천막은 미리 화면을 맞추느라 모두 스크린이 되어 있었다. 나는 먼 나라에 여행 온 듯 온통 정신을 빼앗기고 말았다.

 신문지를 깔고 앉아 영화를 보면 하늘에서는 별이 쏟아지고 눈앞에서는 멋쟁이 도시 사람들의 사랑 이야기가 펼쳐졌다. 영화가 끝나고 자리를 털고 일어서는 처녀 총각들의 표정에는 늘 아쉬움이 남아있었다. 그래서 그런지 마을로 돌아오는 신작로는 그들이 애달프게 불러대는 노랫소리로 또 다른 야외무대가 되었다.

밝은 달 아래 십여 리 신작로를 꽉 채우던 사람의 물결과 온 마을 처녀 총각들이 불러대는 한밤의 그 노랫가락…. 누군가 한 사람이 부르면 앞서가는 사람도 뒤서가는 사람도 합창으로 응답하던 그 한마음은 어디서 온 것인지. 다시 돌아갈 수만 있다면 그 낭만적인 밤길을 꼭 다시 걸어보고 싶다.

마을에 도착해서도 사람들은 그냥 집에 들어가지 않았다. 누가 그렇게 하자고 한마디 한 적도 없는데 모두 학교 운동장에 모여들었다. 그리고 손에 손을 잡고 강강술래를 하는 것이었다.

어린이건 어른이건, 총각이건 처녀건 모두 꽉꽉 손을 움켜잡고 운동장을 맘껏 돌았다. 힘에 겨워 조금 느슨해진다 싶으면 누군가 소리 높여 강~강~술~래~를 부르며 손을 잡아끌어 다시 힘찬 강강술래로 이어지고, 웃음소리와 강강술래의 힘찬 합창이 마을로 흘러들면 잠자던 할머니들까지도 신이나 구경 오고….

새벽닭 우는 소리가 들릴 때에야 운동장 대공연은 끝이 나 입가에 웃음 가득 담은 채 하나둘 잠자리로 찾아들었다. 도시로 나온 나는 까마득히 그 풍경을 잊어버렸다.

대학 시절 세종문화회관이 문을 열었고 연일 신문에서는 공연 소식을 알려주었다. 뮤지컬, 콘서트, 오페라… 아! 나도 그 멋진 장면들을 보고 싶었다. 그러나 가난한 나는 신문광고를 보며 입맛만 다셨다. 대학을 졸업하고 나서야 세종문화회관에서 하는 오페라를 보러 가게 되었다. 화려한 옷을 입은 사람들의 향연, 그것은 분명 새로운 무대였다.

직업을 갖게 된 나는 도회에서나 가능한 맛을 찾아 나섰다. 도회의 멋진 야경을 연인과 함께하는 맛, 어마어마한 무대에서 박진감 넘치는 스피커를 통해 즐기는 맛, 온갖 재주를 가진 사람들이 만들어내는 볼거리는 분명 화려한 즐거움이었다.

그런데 어느 순간 도도한 표정으로 이어가는 연주, 만들어진 듯한 박수, 연주자 따로 관객 따로인 무대와 객석이 뭔가 어색했다. 비싼 관람료의 문턱 높은 공연장, 자신의 주가를 높이기 위해 공연한다는 인상만 주는 연주자들을 보며, 연주자와 관객이 하나 되는 그런 편안하고 신명 난 공연은 없는 것인가 생각해보곤 했다.

나는 강강술래처럼 관객이 연주자가 되고 연주자가 관객이 되는 그런 공연을 꿈꾸게 되었다. 나는 그 꿈을 좇아 '화이트홀' 공연장을 열었다. 그러나 과연 그런 공연이 가능한 것인가? 또 관객들은 그런 공연을 좋아할 것인가?

한번은 화이트홀 연주회 중간에 논산 대건고 합창부를 출연시킬 계획을 세웠다. 그러나 대입을 앞둔 학생들이 과연 시간을 낼 수 있을 것인가. 그런데 놀랍게도 그들은 교장 선생님과 함께 버스를 대절하여 왔다. 하지만 독일, 이태리, 미국에 유학하고 국제 콩쿨에서 입상한 쟁쟁한 성악가들의 노래를 들으며 학생들은 기가 죽어버렸다.

1부 마지막에 아이들이 쭈뼛쭈뼛 무대에 섰다. 아카펠라를 할 6명의 학생들은 관객 앞에 서자 더욱 주눅 든 표정이었다. 그러나 어느 순간 한 학생이 목을 길게 빼며 재밌는 가사의 노래를 시작했다. 폭소와 박수가 터졌다. 자신감을 얻은 학생들이 신나게 불러대자 조용하던 홀은 박수와 환호로 가득 채워졌.

합창순서를 기다리던 무대 뒤 나머지 학생들도 뿌듯한 표정으로 무대에 섰다. 합창이 시작되자 관객들은 고등학생 시절로 돌아간 듯 환호했다.

공연을 마친 학생들은 자리가 없어 계단에 앉아 2부 공연을 보고 학교로 돌아갔다. 학교로 돌아가는 버스 안에서 학생들은 화이트홀에서의 감동으로 들떠있었고 계속 노래를 흥얼거리더라는 뒤 소식을 들으며 나는 고향 마을 강강술래를 학생들과 다시 한 듯 감격했다.

공부 시간을 쪼개어 서울까지 와 준 학생들, 그걸 허락해주신 부모들, 버스까지 대절하여 학생들에게 소중한 체험을 하게 해 준 교장 선생님, 그리고 쭈뼛대는 아이들을 격려해주는 관객들의 마음이 모두 한판의 '강강술래'를 만들어낸 것이다.

공연이 끝나고 관객들은 "성악가들 중창도 좋았지만 학생들의 그 순수한 합창이 신선했다. 그런 합창을 다시 듣고 싶었는데 2부에서는 왜 안 나왔느냐?"고 물었다. 몇 달이 지난 지금도 "그 학생들 합창 좋았다."는 말을 들으면 나는 신이 난다. 프로 성악가들의 음악에 가릴 수도 있는 아마추어 학생들의 그 순수함을 사람들이 보아내고 기뻐하기 때문이다.

어릴 때 내가 영화를 보러 간 것은 영화보다 더 귀한 그 무엇 때문이 아니었던가! 화이트홀 음악회에 오는 관객들도 사실은 음악보다 더 귀한 것을 만나러 올 것이다. 나는 공연을 통해서 사람들이 진정 무엇을 원하고 있는지 확인하며 또 다른 공연, 또 다른 강강술래를 신나게 준비하고 있다.

## 쪽문을 열면 시원한 바닷바람이

 젊은 시절 모든 것을 잃어버린 아버지는 섬마을로 이사했다. 방 하나를 세내어 마루에 한약방을 차리고 팔 남매가 포개어 잠을 잤다.

 그렇게 이 년을 보내던 어느 날, 제방 옆 뻘밭 위에 뼈대만 올려놓고 몇 년간 방치된 폐허를 헐값에 판다는 소식을 듣고 아버지는 그것을 사 집을 짓겠다고 했다. 바닷물이 출렁대는 곳이라 걱정도 되었지만 우리 집이 생긴다는 말에 힘이 솟았다.

 아버지는 손수 돌을 나르고 모래도 날랐다. 길고 긴 집짓기가 시작되었다. 학교가 파하면 나는 체로 모래를 골라냈다.

집이 완성되던 날 남향의 우리 집으로 고여 드는 따스한 햇볕을 나는 한참 넋 놓고 바라보았다. 바다로 향한 쪽문을 열면 시원한 바닷바람이 불어와 나는 얼굴을 내밀고 바닷내음을 맡곤 했다. 한밤중 들려오는 파도 소리에 잠을 깰 때면 한없는 공상의 바다를 거닐었다.

학교에서 돌아오면 아버지는 남녘 하늘이 맑게 바라보이는 한약방에 앉아 손님들과 이야기를 나누었다. 조그만 술상을 두고 서너 분이 둘러앉아 세상 돌아가는 이야기, 동네 이야기, 자식들 이야기….

나는 신문이나 책을 보며 가끔 그분들의 이야기에 끼어들었다. 누군가 숭어라도 한 마리 낚아 올 때면 우리 집은 잔칫집이 되었다. 손님들은 어머니의 기막힌 음식 솜씨에 거푸 찬사를 보냈다. 여름밤이면 쏟아지는 별빛들….

고등학교 진학을 위해 나는 섬을 떠났다. 대도시에는 다정한 아버지의 목소리도, 어머니의 맛있는 음식도, 그리고 파도 소리 들리는 우리 집도 없겠지만 성공과 출세가 나를 기다리고 있을 것이었다.

나는 변호사가 되었고 젊은 나이에 큰 집도 갖게 되었다. 맘만 먹으면 세계여행도 할 수 있고 남들이 알아주는 자리도 은근

슬쩍 앉아볼 수 있게 되었다.

섬에서 생각하듯 출세가 그렇게 어려워 보이지도, 먼 곳에 있는 것 같지도 않았다. 그런데 그런 것들이 쉬워 보일수록 성공에 대한 욕구가 사그러드는 것이었다. 내가 어떤 자리에 있건 다른 사람이 그 자리에 있건 세상은 달라지지 않는다는 생각도 한몫을 했다. 세상천지에 변호사가 많은데 내가 변호사를 꼭 할 필요가 있느냐 하는 생각도 들었다.

성공도 내 변호사 직위처럼 그렇게 허망할 터였다. 나는 앞으로 무엇을 위해, 어떻게 살아가야 하는가?

20년 전 처음 방문한 뉴욕의 겨울은 추웠다. 고층 건물로 꽉 채워진 그 삭막한 도시가 세계의 중심이라니…. 내가 가야 할 종착지가 여기란 말인가? 문화는 물론 심지어 종교까지도 상품화하는 그 도시에서 나는 다시 절망하고 있었다.

온갖 인종이 돈을 위해 뛰고 있는 그곳이 세상의 중심이라면 내가 세상의 중심에 뛰어들면 들수록 결국 나는 그 주위만 서성거리다 한 생을 마칠 것이었다.

늘씬한 몸매의 여인들이 금방 뛰어나올 것만 같은 빌딩 숲의 화려한 광고판을 지나 시멘트를 퍼부은 공연장에 들어간 나는 아~ 놀라고 말았다.

인간은 삭막한 콘크리트 건물도 짓지만 그 삭막함 속에 아기의 살결보다 더 고운 부드러움을 만들어내는 존재였다. 그 공연에는 어릴 적 내가 살았던 세상이 있었다. 나만이 간직했다고 믿었던 순수한 꿈까지도 눈앞에 보여주었다.

내가 받고 싶은 것, 내가 사람들에게 줄 수 있는 것, 그것은 돈이나 자리가 아니라 바로 이런 것이어야 함을 절감하고 또 절감했다.

몇 년 전 대학로로 공연을 보러 갔다. 독재정권 시절 온몸으로 거짓을 거부했던 이가 제작한 공연이었다. 나는 그가 무엇을 보여줄지 궁금했다. 그런데 웬걸! 그의 작품 속에는 한갓 관념과 이데올로기만 춤추고 있었다.

우리 문화가 이렇게 한쪽으로 기울어있다는 말인가? 인간의 삶을 노래하고 인간의 가치를 높이는 예술이 죽어가고 있는 사회, 그것은 저 막막했던 독재 시절보다 더 암울한 것이 아닐까? 집으로 돌아오면서 가슴이 무거워졌다. 공연장을 만들어 인간의 순수가 숨 쉬게 하자!

꿈은 이루어지는가? 공연은 물론 음악에도 조예가 없는 내가 서초동에 '화이트홀'이라는 이름의 공연장을 만들어 세상에 내놓았다. 나도 내 아버지처럼 공사장에 뛰어들어 2년에 걸쳐 그 공연장을 다듬고 어루만졌다.

어릴 적 뻘 바닥 그 폐허에 집이 생기자 수많은 손님들이 담소하던 그 뜨락을 다시 찾은 듯 나는 지금 가슴이 설렌다. 우리 아이들에게 들려주지 못해 늘 아쉬웠던 어릴 적 그 바닷가의 바람 소리와 파도 소리를 이 공연장을 통해 들려주리라! 어릴 적 우리가 꿈꾸었던 그 공상의 바다도…. 그래서 우리들과 우리 아이들이 순수와 맞닥뜨리는 곳으로 만들어가야지.

나는 알고 있다, 우리 가슴속 순수한 꿈은 반드시 이루어진다는 것을.

## 그 마을에도 '책'은 있었다

 해진 옷, 닳아빠진 신발, 보리투성이 도시락… 여학생들의 머리도 서캐로 허옜다. 먹고 살기 힘든 그 시절, 교실에도 마을에도 책은 그림의 떡이었다.
 어느 날 집에 갔더니 동화책이 놓여있었다. 넋을 잃고 책장을 넘기는데 책을 빌려온 누나가 보던 것이라며 휙 낚아챘다. 누나가 다 읽기를 기다렸으나 잠이 들고 말았다.
 다음날 책을 찾았으나 이미 돌려준 후였다. 저녁 무렵 누나가 다시 몇 권의 책을 빌려와 나도 그 밤은 책을 읽을 수 있었다. 전기도 없던 그 시절 호롱불을 켜고 밤새 책을 읽다 보면 콧구

멍이 새까맣고 눈이 따끔거렸다.

그렇게 며칠 읽고 났더니 마을에는 읽을 책이 더 이상 없었다. 책 없는 밤은 견딜 수 없었다. 이미 본 책을 다시 빌려 우리는 몇 번이고 되풀이해 읽었다. 그러다가 마을에 새로운 책이 오면 순서를 기다렸다 읽을 때의 그 행복감….

나는 책과 친구가 되었다. 화장실에 놓인 찢어진 '농민지'만 봐도 좋았고, 만화건 무협지건 버려진 신문 쪼가리건 닥치는 대로 읽었다.

고등학교 입시를 보러 처음으로 대도시에 가게 되었다. 먼 친척댁에 머물렀는데 책장에는 교양 잡지와 단편소설이 가득 있었다. 한 권을 뽑아 봤다. 아! 거기에는 내가 꿈꾸던 세상이 담겨있었다. 시골에서 읽었던 무협지나 만화에서는 맛볼 수 없었던 그 감동….

공부는 뒷전인 채 그 잡지와 소설을 책상에 앉아서도 읽고 화장실에 가서도 읽고 드러누워서도 읽으며 그렇게 20일을 보냈다. 시험은 여지없이 낙방이었지만 내게는 새로운 세계가 열리고 있었다.

이런 나의 독서 탐닉은 대학에 가서도 마찬가지였다. 고시 공부하러 도서관에 갔다가 재미있는 책을 발견하면 한없이 앉아 읽었다. 고시에 떨어질 때마다 책 읽는데 시간을 빼앗긴 것 같아 후회도 많이 했다. 그런데 변호사가 된 후 이런저런 사건을 맡아 고민할 때 이미 책에서 읽은 이야기들이 해결책을 제시해 주는 경우가 많았다.

 책에는 갖은 음모와 비리, 온갖 정의와 사랑이 들어있었다. 내게 의뢰하는 어떤 사건도 그 범주를 넘지 못했다. 내가 그런 책들을 읽지 않고 법률 서적만 읽었더라면….
 책을 통해 내 가슴속에서 이미 경험해버린 그 사건들을 해결하는데 나는 조금도 낯설지 않았다. 연인과의 만남과 헤어짐도, 어떤 여인과 결혼할 것인지, 어떻게 사업을 할 것인지, 아이들을 어떻게 키워야 할지, 심지어는 죽음을 어떻게 맞이할 것인지에 관해서도 나는 이미 책을 통해 많은 것을 경험하고 있었다.
 나는 사람들이 자신이 경험하지 못한 새로운 세상과 만나고, 길을 발견하며 세상살이에서 자유로워지는 그런 좋은 책을 만들고 싶은 소망을 갖게 되었다.

 일요일 오후 아이들과 서점에 갔다. 수십 종의 베스트셀러들이 화려한 장정으로 서로 잘 팔리려고 다투는 듯 진열되어 있었다. 두어 시간 걸려서야 겨우 책 몇 권을 골라 집에 와 펴들었다. 화려한 디자인, 요란한 광고와 달리 한두 페이지 외에는 읽을 게 없었다. 자극적인 이야기로 남을 가르치려 들고, 신파조의 이야기를 엮어 눈물샘만 자극하고 있었다.

그럴듯한 성공비결로 흥미를 끌다가 결국 직장엔 사표 내고 대학에 가는 것을 획기적인 성공법으로 제시한 세계적인 베스트셀러도 있었다.

누가 그 책을 볼까 봐 치워버리려다가 아이들이 어떻게 평가하나 들어보고 싶어 그 책을 읽혀보았다. 아이들의 의견을 들어보니 나쁜 책이 얼마나 사람들을 헷갈리게 하는지, 그 해로운 점이 더욱더 명료해졌다.

읽고 나서 벅찬 감동으로 뿌듯해지는 글, 방황하는 우리에게 이정표를 제시해주는 글은 우리를 키워주는 성장제이다. 그러나 요즘 그런 책들을 만나기가 힘들다.

글 쓰는 이도, 책 만드는 이도, 글 읽는 이도 눈길 끄는 책에만 관심을 갖는 것 같다. 내 어린 시절에 비하면 책이 넘쳐나는 풍요의 시대이지만 읽을거리가 없기는 그때나 지금이나 마찬가지다.

그래도 희망은 있다. 어린 시절 그 빈한한 마을에도 '책'은 있어서 우연히 발견한 좋은 글 한 편에 내 가슴이 열리고, 세상에 대한 따뜻한 애정도 싹틔웠다. 오늘 우리 주위에도 우리에게 무언가를 들려주려고 마음을 다해, 혼을 다해 글을 쓰고 있는 사람은 분명 있을 것이다.

  전깃불도 없는 고향 마을에서 내가 읽고자 했던 것은 무엇이었을까? 그것은 아마도 글 그 자체가 아니라 삶에 대해 깊이 고뇌하는 사람의 진실한 마음, 따뜻한 마음이었을 것이다. 오늘도 나는 따뜻한 마음, 진실한 사람을 기다리고 있다. 내가 기다리고 있다는 것은 내 이웃도 기다리고 있음이 아니겠는가.

## 뉴욕의 따끈한 수프

 짐을 풀고 배가 고파 거리에 나섰다. 뉴욕의 겨울은 몹시 추웠다. 대서양에서 불어오는 차가운 바람이 서울에서 입고 온 점퍼 속을 헤집고 들어와 러닝셔츠만 입고 걷는 기분이었다.
 지나가는 사람들에게 식당을 물었지만 모른다는 대답뿐…. 붐비는 뉴욕 거리가 시베리아 벌판처럼 황량했다. 옆에 붙어선 아내도 추위로 덜덜 떨고 있었다.
 그때 훤칠한 미국인이 눈에 띄었다. 얼어붙은 듯한 내 목소리에 과일을 사다 말고 그가 돌아봤다.
 "뭘 먹고 싶으냐?"

"따끈한 수프!"

한참 생각하던 그가 손짓했다. 한 블록, 두 블록, 무려 여섯 블록을 가서야 그가 레스토랑 앞에 멈춰 섰다. 한참을 걸어온 그의 우뚝 솟은 코가 추위에 빨갛게 얼어 있었다. 도움이 필요할 거라며 내 전화번호를 적어갔다.

이태리 식당은 따뜻했고 값도 비싸지 않았으며 음식 맛도 일품이었다. 이태리 민요가 흘러나왔다. 로마에 간 베드로가 떠올랐다. 그의 주머니엔 돈푼이라도 있었을까? 그의 행색은 어땠을까? 고기잡이였던 그는 왜 로마를 택했고 어떻게 복음을 전했을까?

10년 전 미국에 영어를 배우러 왔을 때였다. 대학기숙사에 머물렀는데 룸메이트들이 모두 미국 학생이었다. 그들은 학교에서 돌아오면 밤이 새도록 컴퓨터 앞에 앉아 있었다. 나는 밤새워 공부하는 그들의 건강이 부러웠다.

그러나 웬걸 어느 새벽녘 화장실에 가다 들여다봤더니 한 녀석은 전자 게임을, 한 녀석은 주식매매를, 한 녀석은 채팅을 하고 있었다. 다음 날도 그다음 날도 그들은 말없이 똑같이 컴퓨터 앞에 앉아 밤을 새웠다.

룸메이트인 스톰프의 어머니는 몇 번의 이혼 경력이 있었다.

가끔 엄마와 계부를 만나 식사를 했다거나 아빠를 만나러 간다고 했지만 그의 얼굴엔 행복한 웃음이 없었다. 외로움이 멍울져 있는 듯했다. 다른 룸메이트들도 마찬가지였다. 분명 무언가 중요한 것이 빠져 있었다.

기숙사 뒤로 오솔길이 있었다. 자전거로 그 길을 달리며 큼직큼직 잘 생기고, 부족할 게 없어 보이지만 무미건조한 그들의 삶을 생각해볼 때가 많았다.

책방에 가면 패션, 시사나 경제잡지가 서가에 빼곡했다. 그러나 펼쳐보면 요란한 상업광고로, 유명인의 사진과 뒷얘기로 어지러웠다. 이게 선진국인가. 세계 일류도시 뉴욕이라고 다르지 않았다. 높은 이혼율, 독신자의 증가, 떠도는 부랑인들….

베드로는 로마로 갔다. 그때 로마는 식민지의 물자와 노예로 사치와 향락을 누리며 세계를 지배하고 있었다. 예수님의 부활을 지켜보며 진리와 사랑에 눈뜬 베드로가 왜 미지의 세계 아시아도, 굶주리고 헐벗은 아프리카도 아닌 로마를 택했을까?

나도 뉴욕에 가기로 했다. 온 세상을 지배하고 있는 듯 첨단을 걷는 듯하지만 영혼이 빠져버린 그 도시에 무언가를 불어넣고 싶었다.

그러나 나에게는 용기가 없었다. 짧은 영어에다, 막상 뉴욕에는 힘이 되어줄 만한 사람도 없었다. 그렇게 10년이라는 세월이 흘러갔고 어느덧 50대가 되었다.

설마 했는데 며칠 후 길에서 만난 토마스가 전화를 했다. 다시 만나던 날, 그는 내게 영어 글쓰기 선생을 소개해주었다. 초대권이 생겼다며 브로드웨이 뮤지컬에도 데려갔다.

내가 그 보답으로 그간 〈가톨릭다이제스트〉에 실렸던 글을 영어로 번역하여 보여주었더니 그는 가슴이 따뜻해 온다고 했다. 진짜 그러냐고 되묻는 내게 "글이 자연스럽다! 브로드웨이 뮤지컬보다 더 감동된다!"며 함지박만 하게 웃었다.

베드로에게도 길을 친절하게 가르쳐준 로마인이 있었을 것이다. 말이 통하지 않아도 베드로의 마음을 들어준 이가 있었을 것이다. 고기잡이 베드로가 로마를 바꿀 수 있었던 힘은 바로 이런 것이 아니었을까.

"어떠한 눈도 본 적이 없고 어떠한 귀도 들은 적이 없으며 사람의 마음에도 떠오른 적이 없는 것들을 하느님께서는 당신을 사랑하는 이들을 위하여 마련해두셨다."1코린 2, 9

그가 어느 날 우리를 그의 사무실에 데려갔다. 은행에서 비서까지 둔 꽤 높은 자리에 있었다. 창문 밖으로 뉴욕의 야경이 보이는 멋진 사무실에서 그가 주머니를 뒤지더니 다 닳아진 묵주를 꺼내 보였다. 매일 미사를 드린다는 그….

 헤어져 돌아오면서 나는 뉴욕에서 영어판 잡지를 내자고 몇 번이고 다짐했다. 그간 나는 사람들이 〈가톨릭다이제스트〉를 통해 어떤 기쁨을 얻고 어떻게 자신을 바꾸며 어떻게 성장하는지를 보았다. 나는 책 속에 보물을 담아 그 보물을 미국인들도 꺼내 보게 하고 싶다.

 맨해튼의 고층빌딩 불 밝은 창가에서, 공원의 벤치에서 미국인들이 그 잡지를 행복하게 읽고 있는 모습을 상상해봤다. 맨해튼의 거리가 따뜻하게 다가왔다.

## 요즘 잠이 안 와요

뉴욕의 〈월간독자 Reader〉 사무실에 아르바이트하러 오는 녀석이 굳은 표정으로 들어섰다.

"왜 얼굴이 그 모양이냐?"

"밤새 한숨도 못 잤어요."

"왜?"

"요즘 잠이 안 와요. 제가 정말 하고 싶은 일을 앞으로 할 수 없을까 봐서요. 영화를 만들고 싶은데 내 형편으로는 평생 만들지 못할 것 같아요."

녀석의 우울함이 내게 전해져왔다.

녀석은 어릴 때 홀로 된 어머니를 따라 뉴욕에 왔다. 고등학교를 졸업하고 뉴욕대학 영화학과에 들어갔다. 그러나 식당에서 캐시어로 일하는 어머니가 버는 돈으로는 비싼 사립대 학비를 감당할 수 없어 휴학을 하고 아르바이트 중이다.

학교 과제로 녀석이 만든 5분짜리 영화를 본 적이 있다. 한 소년이 공중전화박스에서 집에 먹을 것이 떨어졌다며 전화를 하지만 어머니는 직장에서 나올 수가 없다.

터덜터덜 집으로 돌아오던 중 근사한 식당에서 부모와 식사를 하고 있는 또래 아이를 본다. 무표정한 얼굴로 그 광경을 지켜보던 소년. 집에 들어와 냉장고며 찬장을 다 뒤지지만 말라버린 빵 부스러기뿐. 울음이 터져 나올 듯한 소년의 얼굴을 클로즈업하며 영화는 끝난다.

그 소년의 얼굴에서 나는 녀석의 얼굴을 보는 듯했고 젊은 시절의 내 모습도 떠올랐다. 희망이라곤 그 어디에서도 발견할 수 없는 그 표정.

대학을 졸업했지만 나는 실업자였다. 몇 번 사법고시를 봤지만 합격하지 못한 나는 자취방에 엎드려 담배를 피우는 것 외에는 할 일이 없었다.

밤새 담배를 피우다가 엎어져 자고 대낮에야 일어나는 불규

칙한 생활. 머릿속은 갈수록 멍해지고 몸도 말을 듣지 않았다.

더벅머리로 해어진 옷을 걸쳐 입고 시내도 나가보지만 달리 갈 곳도 없었다. 앞으로 어떻게 살아야 할지 모든 게 막연하던 그 시절….

어느 날 밤 무료해서 책을 집어 들었다. '세상에는 경쟁적 가치와 비경쟁적 가치가 있다. 돈과 권력 같은 경쟁적 가치는 세상에 한정되어 있어서 남과 경쟁해서 이겨야만 얻을 수 있다.

그런데 세상에는 남과 경쟁하지 않고도 얻을 수 있는 비경쟁적 가치가 있다. 그런 가치는 이 세상에 무한정하게 널려 있다. 사랑과 나눔 같은 것이다.'

그 글을 읽는 순간 내 가슴속에는 물결이 치기 시작했다. 그동안 나는 남과 경쟁해서 이겨야만 한다고 생각하며 살아왔지 않는가! 남들보다 먼저 법관이 되고, 더 높은 법관이 되는 것, 그런 길들만이 내 인생길이라고 알고 있었다. 그런데 그렇게 살지 않아도 된다니….

나는 삼수까지 하며 꿈에 그리던 대학에 들어갔다. 그곳에 가기만 하면 원대한 꿈을 가진 친구들을 많이 만날 줄 알았다. 그러나 그곳에는 뭐든 남보다 앞서려는 욕망으로 가득한 친구들만 있는 것 같아 실망이 컸다. 내가 가야 할 곳도 결국 남보다 앞서는, 남이 알아주는 자리를 차지하는 것뿐인가!

떠밀리듯 나도 그곳으로 가고 있었다. 그러나 경쟁에서 이긴다 하더라도 또 그런 사람들과 함께 평생 살아가야 한다는 생각은 늘 나를 짓눌렀다. 공부가 재미있을 리 없었다.

그런 시점에서 그 글은 내게 샘물이었다. 남을 끊임없이 이겨야 하는, 이긴다 하더라도 나에게 행복을 주지도 못할 그런 가치들을 위해 살아왔다니…. 내가 한없이 바보처럼 여겨졌다.

나도 남과 경쟁하지 않는 가치를 향해 가봐야지. 가슴속에 희망이 넘쳐오는 것이었다. 세상을 사랑하고 내가 가진 것을 나누고, 그것도 세상에서 가장 큰 가치를 향하고 내가 가진 가장 소중한 것을 나누며 살아가면? 남에게서 무엇을 빼앗을 필요도 없고 늘 내가 남에게 주기만 해도 되는 인생이었다.

그런 생각을 했더니 내가 갑자기 무슨 위인이라도 된 듯했다. 그렇게 살아간다면 그 어떤 위인보다도 더 큰 일을 해낼 것만 같았다.

나폴레옹은 이 땅 저 땅 차지하기 위해 총칼로 사람들을 괴롭혀 위인이 되었지만 나는 남의 땅을 빼앗을 일도 없고 총칼을 들 필요도 없었다.

내가 사랑한다고 남들이 사랑하지 못할 일도 없고, 내가 나눈다고 남이 나누지 못할 일도 없는, 그야말로 평화의 세계로 들어간 그날 밤 나는 정말 평화로웠다. 내 가슴에 사랑이 찾아온 것이다.

나는 방안을 찬찬히 들여다보았다. 책상 하나, 책 몇 권, 닳아진 이부자리…. 나는 담배를 치우고 책을 들었다. 그 딱딱하던 법학 서적이 쏙쏙 눈에 들어왔다. 내가 하는 이 공부가 사랑하는 데 쓰일 거라 생각했더니 공부가 재미있었다.

나는 다음 해 고시에 합격했고 변호사가 되어 내가 공부한 법으로 열심히 사람들을 도우려 했다. 열심히 일한 덕에 나는 경제적으로도 안정된 생활을 할 수 있었다.

나는 사람들도 나처럼 그런 글을 읽고 인생의 방향을 잡을 수 있었으면 하는 소망이 생겼다. 잡지를 발행했다. 그리고 그 잡지에 글을 썼다. 글을 쓰는 데는 돈도 권력도 머리도 필요 없었다. 가슴속에 사랑을 품으면 품을수록 더 많은 사람들과 더 많은 것을 나눌 수 있었다.

물질의 나눔보다 정신을 나누는 것이 얼마나 중요한지 알기에 글을 쓰면 쓸수록 나는 정말 중요한 것을 사람들과 나누고 있다는 생각에 저절로 행복해졌다. 내가 누군가와 경쟁해서 이겨야만 얻을 수 있는 돈이나 권력을 좇았더라면 지금 이런 행복감을 느낄 수 있을까?

나는 녀석에게 이런 내 체험을 들려주었다. 그리고 물었다.
"네가 지금 돈이 있다면 좋은 영화를 찍을 수 있겠느냐?"
녀석은 대답했다. "아직 그런 능력은 없어요."
"그렇다면 너는 돈 없음을 탓할 게 아니라 먼저 네 정신의 빈곤을 탓해야지. 네게 돈이 있더라도 영화에 담을 정신이 없는데 어떻게 좋은 영화가 나오겠어?"

내가 남과 경쟁해서 이기면 뭔가 이룰 수 있을 것이라는 허상을 가졌듯이 녀석도 돈이 있으면 뭔가를 이룰 수 있겠다는 허상을 갖고 있었다.

내가 남보다 앞설 수 있는 경쟁력이 없는 걸 두려워하고 있었듯이 녀석도 자신의 가난함을 두려워하고 있었다. "돈이 없어서 하고 싶은 것을 못할 거라는 생각은 정신이 빈곤한 사람들이나 갖는 것이다. 성경에 보면 요셉은 형제들에 의해 이집트에 팔아 넘겨져 노예가 되었지만 절망하지 않았다.

그는 성실히 일하며 자기보다 훨씬 많은 걸 가진 주인에게도 늘 도움을 주었다. 그런데도 요셉은 주인 여자의 모략으로 감옥에 갇힌다. 그는 감옥에서도 원망하지 않고 사람들에게 지혜를 나눠주었고 거기서 왕의 시종을 만나 이집트의 재상이 되어 기아에 허덕이는 수많은 이들을 구한다.

　그는 이집트에 팔려 갔고 감옥에 갇혔기 때문에 재상이 된 것이다. 그것에 절망했더라면 그가 재상이 되었겠냐? 그런데 너는 노예가 된 것도 아니고 억울한 일을 당한 것도 아니면서 단지 돈이 없다고 절망하고 있으니…. 설령 네가 돈이 생겨 영화를 만든다 하더라도 그 영화는 형편없을 것이다. 그러니 정말 좋은 영화를 만들려면 먼저 훌륭한 정신을 길러라."

　다음날 출근하는 녀석의 얼굴에 생기가 돌았다. 나는 녀석에게 더 많은 일을 시켰다. 이제 녀석은 일 더미에 묻혀 산다. 그런데도 녀석의 얼굴에 웃음이 늘어가는 것은 왜일까?

에필로그

그해 겨울 나는 아내와 함께 남도행 기차에 올랐습니다. 아내의 양손에도 내 양손에도 〈가톨릭다이제스트〉 책 꾸러미가 들려 있어서 몹시 무거웠습니다.
그러나 삶의 아름다움이 담긴 책을 교우들에게 전해주러 가는 길은 고향 가는 길만큼이나 평안했습니다. 차창 밖으로는 눈이 펄펄 내리고 있어서 하얀 설경 속 기차 안이 나와 아내만 있는 듯 고즈넉했습니다.

토요일 오후 우리가 찾은 그 주교좌 성당은 오랜 역사를 지닌 건물답게 아름다웠지만 온통 눈으로 덮인 마당에는 발자국 몇 개만 찍혀 있었고 성당 안은 온기 하나 없이 싸늘했습니다.
아내는 추위에 떨면서도 성당 의자 뒤에 책을 꽂아놓기 시작했습니다. 일찍 온 교우들의 눈길을 끌어 펼쳐보도록 하기 위한 것입니다. 그 너른 성당 자리마다 책을 놓고 볼펜을 놓는 데는 한 시간도 넘게 걸렸습니다.

내가 차분히 쉬며 마음의 준비를 해야 특강을 잘할 수 있다고 아내는 나를 밀어내지만 나 또한 입구에 서서 부지런히 주보마다 안내서를 넣습니다.
　정장을 차려입고 온 나와 아내는 성당의 한기에 덜덜 떨면서도 곧 교우들이 그 스산함을 녹여주리라 기대합니다.

　준비가 끝날 때쯤 교우들이 한 사람 두 사람 눈을 털고 들어와 자리에 앉지만 그 높고 너른 성당은 텅 빈 듯합니다. 미사를 집전하시는 신부님의 목소리도 한겨울의 추위에 눌린 듯 어눌합니다. 성당 안은 울림이 심해서 신부님 말씀도, 내 특강 소리도 퍼져나갈 뿐 잘 전달되지 않습니다.
　그래도 뭔가를 전하고 싶은 내 의지는 사그라들지 않아 교우 한 사람 한 사람에게 따스한 눈빛을 보내봅니다. 그러나 돌아오는 것은 추위에 얼어붙은 차가운 눈망울뿐입니다.
　특강을 마치면 이제 성당 밖 마당에 안내대를 만들어야 합니다. 구독 신청 받을 탁자를 구하러 이곳저곳 기웃거려봅니다. 마당 한쪽 구석에서 책상을 찾아냈습니다.

 수북이 쌓여 있는 눈을 쭈욱 밀어내고 옮기려니 그 낡은 책상이 여간 무거운 게 아닙니다. 나보다 훨씬 작은 키에 하이힐을 신은 아내가 신음소리를 냅니다. 그러나 곧 미사가 끝나면 교우들이 나올 것이고 짧은 순간 교우들은 흩어져 돌아가 버릴 것이기에 서둘러야만 합니다.

 눈 쌓인 마당에 낙서투성이의 낡은 책상을 놓고 〈가톨릭다이제스트〉가 쓰여진 테이블보를 씌우고 가져온 책과 신청서, 볼펜을 가지런히 놓습니다.

 드디어 미사가 끝나고 교우들이 나옵니다. 교우들에게 "책 좀 보고 가세요~" "정말 좋은 책입니다~" "가족들과 함께 보시면 행복해지실 거예요~" 교우들은 행여 눈이 마주칠세라, 종종걸음으로 바쁘게 사라져 갑니다.

눈 깜빡할 사이 성당 마당 한가운데 아내와 나만 남았습니다. 매서운 겨울바람에 얼굴도 마음도 아파옵니다. 교우들이 남기고 간 발자국을 보며 아내도 나도 그 추운 겨울 저녁 어두컴컴해 오는 성당 마당에 말없이 마냥 서 있었습니다.

'왜 우리는 여기까지 왔는가?' 눈은 점점 더 많이 내리고 바람도 더욱 거세지고 어둠 또한 우리를 덮어버렸지만 우리는 그렇게 서 있었습니다.

그런데 작은 수녀님 한 분이 급히 우리에게 뛰어오더니 묻는 것이었습니다. "신청한 사람 있어요?" 우리가 우물우물 얼버무리자 수녀님은 잠깐만 기다려달라고 하더니 수녀원으로 냅다 달려가는 것이었습니다.

잠시 후, 만 원짜리를 쥐고 온 수녀님이 신청서를 적더니 그 지폐를 건네며 활짝 웃었습니다. 그 매섭고 추운 겨울이 갑자기 봄날이 된 듯 따스해졌습니다.

그날 밤 아내와 나는 얼마나 행복했는지 모릅니다. 세상에는 돈이 없어도 부자인 사람이 있다는 것을 확인했기 때문입니다. 지금도 힘들 때면 흰 눈을 털며 수녀원으로 냅다 달려가던 그 수녀님의 모습을 떠올립니다.

그 후 십 년이 흘렀습니다. 〈가톨릭다이제스트〉는 무럭무럭 자라 이제 아프리카로도 남미로도 유럽으로도 흘러 들어가고 있습니다. 한 수녀님의 따스한 미소가 〈가톨릭다이제스트〉를 그렇게 만든 것입니다.

조그만 선행 하나가 사람을 바꾸고 세상도 바꿀 수 있다는 체험을 하면서, 나는 오늘도 〈가톨릭다이제스트〉에 그런 선의 씨앗을 뿌려가는 사람들의 이야기를 담고 있습니다.

내 아이들은 나와는 분명 다른 세상을 살고 있었다. 변호사인 아빠를
만나 내 어린 시절과는 비교할 수 없이 넉넉한 생활을 하고 있었다.
하지만 물질적 풍요가 아이들의 경험의 폭, 사고의 폭을 좁게 하는 것은
아닐까? 어려움을 겪어보지 못한 아이들이 어른이 되어 정말 어려운 일,
가치 있는 일에 도전조차 해보지 않을지도 모른다는 두려움도 있었다.

그런데 딸이 대학입시에 실패하고서 가난함과 어려움 속에서 자란
나와 같은 얼굴이 되다니…. 아빠가 겪었던 어려움을 이해할 수 없는
딸, 자신의 아픔을 삭여낼 수 없는 어른으로 내 딸이 성장한다면…
그것이 오히려 비극이라는 생각이 들었다. 이번 실패가 딸에게
이런 선물을 주는구나! 나는 비죽비죽 웃고 말았다.

이틀 치 주먹밥

대학에 들어가면 공사판 육체노동 한번 해보리라 다짐했건만,
학생과외 아르바이트가 당장 벌이도 좋고 손쉬운 일이어서
늘 그 일을 택하다가 졸업을 하고 말았다. 그러나 언젠가는 그런
일을 나도 꼭 해보고 싶었다. 잡지사에 가서 영업부장에게
인사를 드리고 간단한 교육을 받은 후 길거리에 나섰다.
나는 한 부라도 꼭 실적을 내고 싶었다. 좋은 대학을 나왔다는,
사법고시에 합격했다는 그런 외형적인 것을 벗어던지고도 내 스스로
세상과 호흡할 수 있는지 그것이 정말 궁금했다. 어쩌면 그것은
남 보기에는 사치스런 생각이었는지 몰라도 내게는 절박했다.

삼일로에서 월부책 팔다